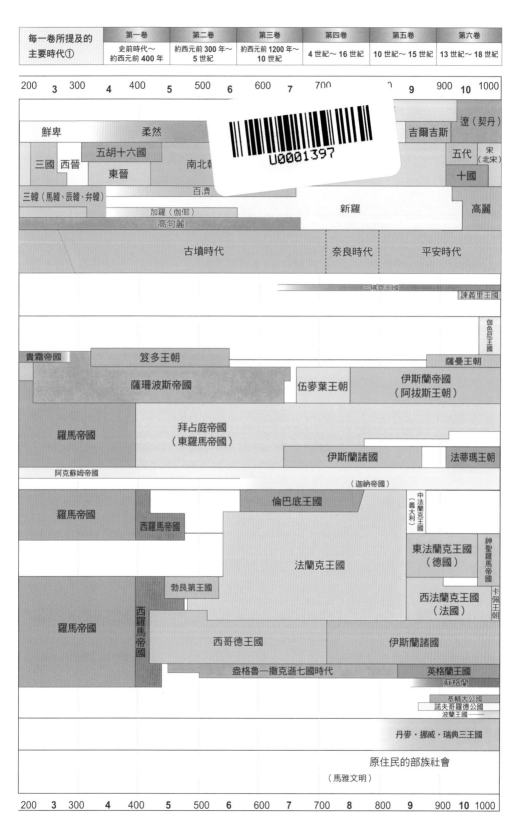

第2卷提供協助的諸先進

監修
早稻田大學文學學術院 教授
早稻田大學埃及學研究所 所長
近藤二郎

漫畫
柑田風太

原作
南房秀久

裝訂、內文設計
修水

解說插畫
Plough21

提供照片、資料及協助（全系列）
山田智基・PPS通信社／amanaimages／時事通信社／時事通信PHOTO／
每日新聞社／AFP／EPA／Bridgeman Images／C.P.C.Photo／學研資料課

主要參考資料等
世界歷史（中央公論新社）／圖像版 世界歷史（白揚社）／圖說 世界歷史（創
元社）／詳說 世界史研究／世界史用語集／世界史人名辭典／詳說 世界史圖
錄（以上為山川出版社）／PUTZGER歷史地圖（帝國書院）／角川 世界史辭
典（角川書店）／世界史年表・地圖（吉川弘文館）／施里曼 挖掘黃金的美夢
（創元社）／通往愛琴文明的道路（原書房）／圖說 希臘（河出書房新社）
其他不及備載

編輯協助
Sideranch

解說編輯協助及設計
Plough21

校閱・校正
眾珍社

編輯人員（學研PLUS）
小泉隆義／高橋敏廣／渡邊雅典／牧野嘉文

:: 監修
早稻田大學文學學術院 教授
早稻田大學埃及學研究所 所長
近藤二郎

:: 漫畫
柑田風太

:: 原作
南房秀久

:: 翻譯
李彥樺、卓文怡

:: 審訂
成功大學歷史學系 專任教授
翁嘉聲

NEW

全彩漫畫

世界歷史

World History

2

希臘、羅馬與地中海世界

全彩漫畫
NEW 世界 World History 歷史 **2** 希臘、羅馬與地中海世界

本書注意事項

1 「時代總結」中的各符號代表意義：🏛→世界遺產、📖→重要詞句、👤→重要人物、🏺→美術品、遺跡。

2 「時代總結」中的重要詞句以粗體字標示，附解說的重要詞句以藍色粗體字標示。

3 同一語詞若出現在兩處以上，將依需要標注參考頁碼。

4 年代皆為西元年。西元前有時僅標記為「前」。11世紀以後的年代除了第一次出現外，有時會以末尾兩位數標示。

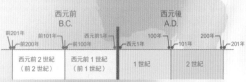

5 人物除了生卒年之外，若是王、皇帝或總統，會標記在位（在任）期間，標記方式為「在位或在任期間○○～○○」。

6 國家或地區名稱略語整理如下：

英：英國／法：法國／德：德國／義：義大利／西：西班牙／奧：奧地利／荷：荷蘭

普：普魯士／俄：俄羅斯／蘇：蘇聯／美：美利堅合眾國／加：加拿大／土：土耳其

澳：澳洲／印：印度／中：中國／韓：韓國（大韓民國）／朝：朝鮮／日：日本／歐：歐洲

給家長的話

　　本書中的漫畫部分雖盡量忠於史實，但有些對話、服裝與背景已無佐證資料，因此在編劇與描繪上以吸引孩子的興趣為主要考量。漫畫中提及的典故、年號或名稱經常有不同說法，本書盡可能採用一般人較熟悉的說法。若有艱澀難懂的詞句，會在欄外加入解說。值得注意的是，有些詞句或表現方式在現代人眼中帶有歧視意味，但為了正確傳達當時社會狀況，將依情況需要予以保留。

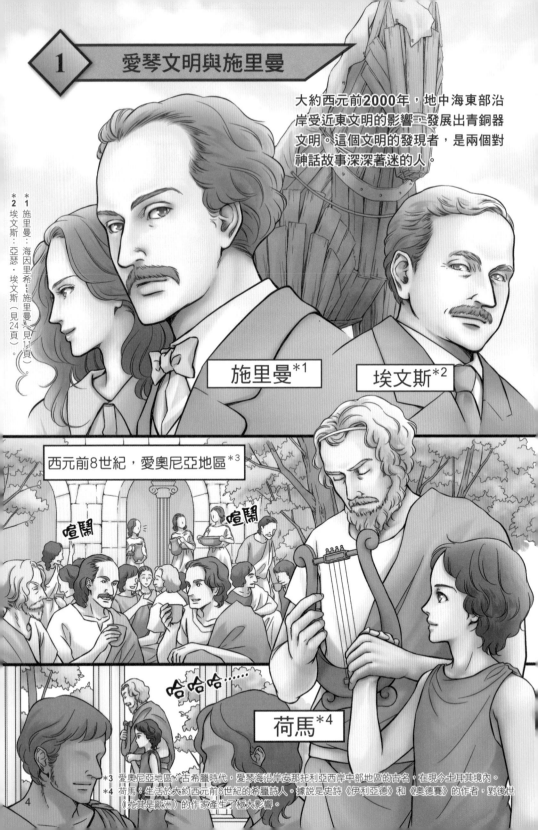

1　愛琴文明與施里曼

大約西元前2000年，地中海東部沿岸受近東文明的影響，發展出青銅器文明。這個文明的發現者，是兩個對神話故事深深著迷的人。

施里曼*1

埃文斯*2

*1 施里曼：海因里希·施里曼（見1頁）。

*2 埃文斯：亞瑟·埃文斯（見24頁）。

西元前8世紀，愛奧尼亞地區*3

喧鬧　喧鬧

荷馬*4

哈哈哈……

*3 愛奧尼亞地區：古希臘時代，愛琴海沿岸安那托利亞西岸中部地區的古名，在現今土耳其境內。
*4 荷馬：生活於大約西元前8世紀的希臘詩人，據說是史詩《伊利亞德》和《奧德賽》的作者，對後世（尤其是歐洲）的作家產生了極大影響。

4

*5 佩琉斯：希臘神話中的英雄。阿基里斯的父親。
*6 阿基里斯：希臘神話中的英雄。佩琉斯的兒子。
*7 邁錫尼：位於希臘伯羅奔尼撒半島。邁錫尼文明的發源地。

*8 阿伽門農：希臘神話中的英雄。在特洛伊戰爭中為希臘軍的統帥。後來即位為邁錫尼國王。
*9 城邦：指古希臘時代由市民執行民主政治的小國。
*10 斯巴達：古希臘國家。曾與雅典交戰多年。以治軍嚴厲聞名。

*11 墨涅拉俄斯：希臘神話中的英雄。阿伽門農的弟弟。以逃亡者的身分娶了公主海倫為妻，成為斯巴達國王。
*12 海倫：希臘神話中的人物。斯巴達國王的女兒。據說是絕色美女，大批求婚者自希臘各地慕名而來。

就在我們亞該亞人*1（希臘人）的各小國互相征討時，

愛琴海另一頭出現了一個富裕大國。

那就是特洛伊*2。

*1 亞該亞人：荷馬史詩《伊利亞德》中對希臘人的稱呼。

*2 特洛伊：荷馬史詩《伊利亞德》中，特洛伊戰爭的舞臺，位於現今土耳其西北部。

*3 帕里斯：希臘神話中的英雄。又名亞歷山大。帕里斯曾在三名女神競爭美貌的事件中擔任判決的角色，導致帕里斯誘拐了墨涅拉俄斯的妻子海倫，引發了特洛伊戰爭。

有一天，特洛伊派了使節團來到斯巴達。

帕里斯

使節團的率領者為年輕的王子帕里斯*3。

年輕英俊的帕里斯與海倫陷入熱戀，

最後帕里斯將海倫帶回特洛伊。

特洛伊

斯巴達

哥哥，有件事……

什麼？

阿伽門農

特洛伊軍堅守城牆，希臘軍則包圍了整座城市，

兩軍交戰了十年以上。

阿基里斯決定退出戰場，沒想到就在這時好友帕特羅克洛斯遭赫克托殺死。

帕特羅克洛斯死了？

阿基里斯憤怒的回到戰場上殺死赫克托，

為自己的好朋友報了仇……

但他也遭到帕里斯以弓箭射死。

後來，

帕里斯也戰死了。

希臘軍採納了奧德賽提出的大膽戰術，
　將一座躲藏了士兵的巨大木馬放在城門口，
　其他希臘軍隊則退到海上。

特洛伊軍以為希臘軍已撤退，
將木馬當作戰利品搬入城內，
舉行了盛大的慶功宴。

宴會過後，特洛伊的居民
都醉倒了。

希臘士兵偷偷從木馬中
爬出來，打開城門，

讓早已等在城外的希臘軍
大舉進入城內。

小知識

《伊利亞德》是古希臘詩人荷馬最具代表性的史詩之一。所謂的「史詩」，指的是描述神話、傳說、歷史事件與英雄事蹟的押韻詩詞。「伊利亞德」的原意為「伊利歐斯的故事」，以希臘神話中的都市伊利歐斯（又稱特洛伊）為舞臺。

特洛伊的王室中只有阿芙蘿黛蒂的兒子埃涅阿斯一家人倖存，其他人都被殺光了。

戰爭後只留下一片曾經繁榮過的斷垣殘壁。

安靜——

不愧是荷馬先生。

你真是一位受到繆思（藝術女神）眷顧的吟遊詩人。

特洛伊戰爭的歷史將與你的名字一起流傳下去。

這也是我心中的期盼……

但恐怕不容易達成。

1829年聖誕節
普魯士王國*1安克爾斯哈根*2

哇啊！

海因里希·施里曼*3　7歲

來，海因里希，這是你的禮物。

是葉勒爾*4的《兒童世界歷史》*5！

這就是上次爸爸提到的荷馬史詩？

那是史詩《伊利亞德》*6裡提到的特洛伊城吧？

傳說中聚集了全世界金銀財寶的偉大都市，

一夕之間被消滅，現在不曉得埋在哪個地方的地底下。

才不是呢！是真的！

連這本歷史書上都寫了！

不過，畢竟只是個虛構的故事。

*2 安克爾斯哈根：位於德國北部梅克倫堡地區的一個小鎮。

*3 海因里希·施里曼（1822～1890年）：德國考古學家，證明了希臘神話中的特洛伊城是實際存在的都市。

*4 葉勒爾：全名為格奧爾克·路德維希·葉勒爾。歷史學家，著有《兒童世界歷史》等書。

*5 《兒童世界歷史》：葉勒爾的著作。施里曼在自傳中提到，他為這本書中特洛伊城起火燃燒的插畫深深著迷（見第9頁）。

*6 《伊利亞德》：荷馬的長篇史詩（見第9頁）。

11

你果然還是小孩子。

呵呵　哈哈哈

哼⋯　⋯

或許你說得對，
這有可能是真的。

如果⋯⋯

如果我能找到
這個遺跡，

是不是能讓大家
變有錢？

教區裡的
所有人，
都不用再餓肚子了？

⋯⋯是啊。

希望你能找到這個遺跡。

兩年後，
施里曼的母親過世，
一家人不再住在一起。

施里曼被叔叔收留，有了到
學校讀書的機會，但三年後
他為了幫助家計，決定到食
品店工作。

我一定要擺脫這種
貧窮的生活！

施里曼早已忘了小時候的夢想，
一心只想成為一個成功的企業家。

除了《伊利亞德》之外，史詩《奧德賽》也是古希臘時代上流階級的重要教材。主角是在《伊利亞德》中登場過的希臘神話英雄奧德賽（見第7頁）。這兩部史詩都是荷馬的代表性著作。兩部作品中提到的特洛伊城，長久以來一直被認為是虛構的城市。

施里曼往來於世界各地，後來因為淘金熱[*1]的風潮在美國加州開設了一家公司。

藉由貸款或販賣工具給抱持淘金美夢的礦工們，賺了一大筆錢。

在克里米亞戰爭[*2]中，他為俄羅斯提供戰爭物資，更累積了龐大財富。

當年那個因為付不出學費而輟學的貧窮孩子，

轉眼間已變成超級富翁。

施里曼 40歲

*1 淘金熱：指新發現的金礦吸引大批人潮前往開挖的現象。
*2 克里米亞戰爭（1853～1856年）：俄羅斯與鄂圖曼帝國之間的一場戰爭。主要的戰場為突出於黑海上的克里米亞半島。

這是小費，拿去吧。

這麼多？

真是太謝謝您了！

施里曼先生，你好。

嗨，你們好。

這給你。

小妹妹，你過來。

謝⋯⋯謝謝您！

上流紳士施里曼、大富翁施里曼。

受到所有人尊敬的施里曼。

小知識

施里曼是德國人，但除了母語德語之外，他還會說英語、法語、荷蘭語、葡萄牙語、希臘語等十五種語言。由於他經常大聲念出各種語言的書本內容，因此年輕時經常被房東趕走。據說他學習語言的方式是靠朗讀來背誦。

15

這些真的是我想要的嗎？

雖然我靠著努力和運氣，獲得了大量財富，

但我這雙手……

卻沾滿了鮮血，因為有太多人死在我所販賣的武器之下。

*1 索邦大學：「索邦」這個稱呼源源於13世紀興建的神學院學生宿舍。巴黎大學底下的十三所大學之中，巴黎第一、三、四大學冠上了索邦的稱呼，因此亦被稱為索邦大學。

在生意上獲得成功的施里曼，突然在四十歲時宣布退休。

並前往中國和日本旅行。

或許就是這趟旅行，讓施里曼重新燃起對考古學的熱情。

後來施里曼進入索邦大學*1正式鑽研學問，並於1868年前往義大利和希臘旅行。

16

在這趟旅行中，施里曼與十七歲的蘇菲亞*² 邂逅並陷入熱戀。

＊**2** 蘇菲亞：施里曼的第二任妻子，英國人。

失陪一下。

海倫？

蘇菲亞的相貌，與施里曼小時候最愛讀的《伊利亞德》中的海倫非常相似。

海倫……

你就是海倫！

什、什麼？

蘇菲亞

17

抱歉，我叫蘇菲亞……

施里曼回想起小時候的特洛伊美夢。

不，在我眼裡，你就是特洛伊的海倫！

從此之後，他把全部心力放在特洛伊遺跡的挖掘上。

大多數考古學家都說特洛伊在珀納巴瑟[*1]，但我不這麼認為。

珀納巴瑟距離海岸有3公里遠。

根據《伊利亞德》的描述，特洛伊應該就在海岸邊。

*1 珀納巴瑟：土耳其東部的地名。學界一般多認為特洛伊城在珀納巴瑟，但施里曼對此抱持懷疑，理由是和《伊利亞德》的描述有太多不符之處。

吱

呢喃自語

喝

呵呵…

喀

滑滑滑……

這裡，

應該是最有可能的地點。

希沙利克

啪！

那是一座能俯瞰海岸的丘陵。懷疑特洛伊就在此地的人，不只施里曼一人。

在挑上這個地點之前，施里曼與某個人見了一面。

揮揮

他是法蘭克・卡弗特[2]，和施里曼同樣追逐著夢想的外交官。

沒錯，
一定在希沙利克[3]！
我已經在那裡挖了七年！

法蘭克・卡弗特

※2 法蘭克・卡弗特：英國外交官。在施里曼的挖掘過程中提供許多幫助。

※3 希沙利克：位於愛琴海沿岸北部。挖掘地點是該地的一座丘陵。

施里曼三十歲時曾娶過一名俄羅斯籍的妻子，蘇菲亞是他的第二任妻子。求婚時，他對蘇菲亞說：「你就是海倫（希臘神話中凡間最美的女人）。」蘇菲亞也將《伊利亞德》背得滾瓜爛熟，有時還會前往挖掘現場。

七、七年……

原本半信半疑的施里曼，最後決定與卡弗特攜手合作。

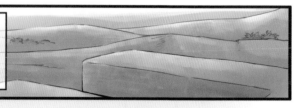

施里曼在1870年開始投入挖掘工作，但遲遲沒有斬獲。

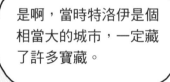

雖然找到類似的遺跡，但無法斷定這裡就是特洛伊。

是啊，當時特洛伊是個相當大的城市，一定藏了許多寶藏。

為什麼我們什麼也找不到？

會不會都被亞該亞人（希臘人）帶走了？

就算這樣，多少也會留下點東西才對。

多少有點……

三年的歲月
過去。

我們別再挖了，
回雅典去吧。

我只想跟你過
安靜、幸福的
日子。

別說這種
喪氣話！

可是海因里希‧施里曼，

白手起家、累積億萬
財富的男人！

更是擄獲了
我的心的男人！

怎麼可以輕易放棄？

但是，你真的相信

特洛伊城就在這片荒野中？

這……

我相信的是你。

終於

我相信的不是特洛伊城
到底存不存在，

……

1873年——

施里曼挖出大批寶藏，這些財寶被他命名為「普里阿摩斯王的寶藏*1」。

蘇菲亞！

叫工人們今天可以回家了！

聽我的就對了！

怎麼了？

這麼早就叫工人們回家？

工人們都走了之後，你就下來這裡！

寶藏中包括兩頂王冠和超過一萬兩千枚戒指。

我的夢想實現，都是你的功勞。

……

還有超過八千七百件以上的黃金雕像和黃金飾品。

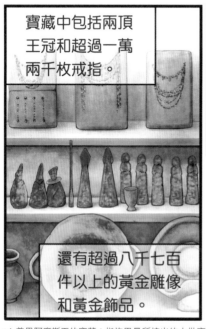

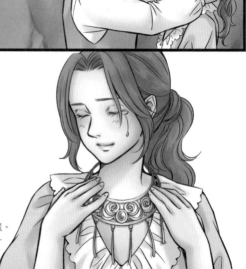

*1 普里阿摩斯王的寶藏：指施里曼所挖出的大批寶藏。當時他認為這些寶藏是由希臘神話中特洛伊最後一任國王普里阿摩斯王（見第7頁）所留下。

後來考古學界證實這些寶藏並不是
普里阿摩斯王時代所留下的東西。

這些寶藏出現的時代，比《伊利
亞德》中描寫的時代還古老。

在這次的成功之後，
施里曼接著挑戰找出
阿伽門農*2的首都。

許多考古學家對此嗤之以鼻，
但施里曼靠著撰寫於西元2世
紀的觀光導覽史料，

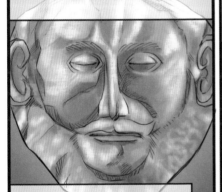

成功在邁錫尼*3遺跡中挖
出黃金面具，並聲稱那就
是阿伽門農的面具。

很多人批評施里曼是考古學的
門外漢，因為他的挖掘手法不
夠嚴謹，還擅自將挖掘到的古
文物帶往國外。

但若沒有這個門外漢的熱情，
特洛伊城將永遠只是傳說，
難有重見天日的一天。

*2 阿伽門農：（見第5頁）

*3 邁錫尼：位於現今希臘伯羅奔尼撒半島東部的都市，正確發音應為「米烏克乃」。

後來……

*1 克里特島：位於希臘南方的地中海島嶼。 *2 凱夫拉山丘：位於克里特島上的丘陵地區。

克里特島*1
凱夫拉山丘*2

他叫
亞瑟‧埃文斯*3。

另一個對神話和傳說著迷的男人也出現了。

埃文斯最感興趣的神話，是英雄忒修斯*4的故事。

忒修斯

在神話的時代，埃勾斯王統治著小國雅典。

米諾斯王*6

埃勾斯王*5

由於當時雅典還相當弱小，只能宣誓臣服於強國克里特*7的米諾斯王。

米諾斯王在克里特的克諾索斯宮殿*8深處，養了一頭名為彌諾陶洛斯*9的怪物。
雅典每隔九年就必須獻上七名少年和七名少女給彌諾陶洛斯當食物。

*3 亞瑟‧埃文斯（1851～1941年）：英國考古學家。

*4 忒修斯：希臘神話中的英雄。後來成為希臘都市雅典的國王。

*5 埃勾斯王：希臘神話中的人物。忒修斯的父親。

*6 米諾斯王：希臘神話中的英雄。繁榮於克里特島的克里特王國國王。

*7 克里特：曾經存在於克里特島的王國。據說有著和平且開放的風氣。

*8 克諾索斯宮殿：希臘神話中一座擁有地下迷宮的宮殿，因彌諾陶洛斯傳說而聞名。遺跡在克里特島上出土。

24

*9 彌諾陶洛斯：希臘神話中登場的牛頭人身怪物。

為了打破這個殘酷的規定，

王子忒修斯混在獻上的少年少女中，進入克里特。

米諾斯王的女兒阿里阿德涅[*10]卻對忒修斯一見鍾情。

阿里阿德涅

阿里阿德涅交給忒修斯一條紅線，讓他在迷宮中不會迷路。

*10 阿里阿德涅：希臘神話中的人物。　*11 牛津大學：英國牛津市的私立大學。據說是英語圈內最古老的大學。

忒修斯在迷宮深處打倒了彌諾陶洛斯，並靠著紅線逃出迷宮。

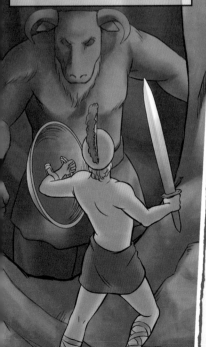

就跟施里曼一樣，埃文斯也是個醉心於神話的人。

不同的是，埃文斯並非考古學的門外漢，他是曾就讀牛津大學[*11]的考古學菁英。

希臘神話中登場的牛頭人身怪物彌諾陶洛斯，是米諾斯王的妻子因遭受海神詛咒而生下的怪物。彌諾陶洛斯長大後變得非常凶暴，米諾斯王於是命令工匠兼發明家的代達洛斯興建一座迷宮，將彌諾陶洛斯關在裡面。後來代達洛斯也因惹惱了米諾斯王，和兒子伊卡洛斯一起被關進自己建的迷宮中。

25

不僅如此，他年輕時還當過記者，

更曾與企圖自鄂圖曼帝國獨立的塞爾維亞人*並肩作戰。

埃文斯看中一塊自古便傳說是克諾索斯宮殿所在地的土地。

克里特島

他請求這塊土地的地主讓他挖掘遺跡，但地主一直不肯答應。

事實上施里曼也曾推測這塊土地底下埋有遺跡，卻因土地價錢問題談不攏而作罷。

＊企圖自鄂圖曼帝國獨立的塞爾維亞人：現在的塞爾維亞共和國的一部分，在14至19世紀末期是鄂圖曼土耳其帝國的領土。在1817年成為自治公國，1878年獨立。

這塊土地下或許沉睡著比希臘本土還要古老的文明城市！

那就是克諾索斯宮殿！

你應該聽過米諾斯王的迷宮傳說吧？

那座迷宮就在克諾索斯宮殿裡！

以克諾索斯宮殿為中心的文明起源於大約西元前20世紀，被稱為克里特文明，又稱米諾斯文明。

嗯……

你突然跑來這裡說要挖遺跡，實在讓我很困擾。

如果讓你隨便在我的土地上亂挖，

這段期間我要怎麼養家活口？

我得付你多少錢，你開個價吧。

地主開出的補償金額，

連富裕的埃文斯也難以接受。

克里特島·凱夫拉山丘

我值得為自己的直覺付出這麼一大筆錢嗎？

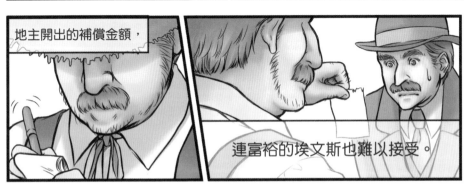

這是我的夢想，絕對值得！

1900年

埃文斯付出補償金，開始挖掘遺跡。

27

誕生於愛琴海周邊的特洛伊、克里特、邁錫尼等文明，合稱為愛琴文明。其中的邁錫尼文明，約在西元前1200年突然發生重大變化，這個現象被稱為「前1200年的變革」。當時似乎發生某種巨大災難，如今眾說紛紜，還沒有查出明確的答案。

這是一座巨大的宮殿，共有超過一千個房間，宮殿中到處可見雙刃斧的圖騰。

據說英文中的「迷宮」（Labyrinth）一詞就是由此演變而來。

果然沒錯，這是一座宛如傳說中的迷宮的巨大宮殿。

這麼美的文明，也是被亞該亞人（希臘人）消滅了？

越是研究，反而越神祕了。

＊1
邁錫尼文明：（見22頁）

＊2
麥可・文特里斯（1922～1956年）：英國建築師。亦是著名考古學家，成功解讀出線形文字B。

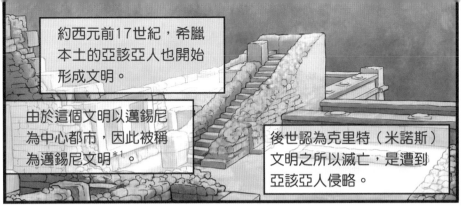

約西元前17世紀，希臘本土的亞該亞人也開始形成文明。

由於這個文明以邁錫尼為中心都市，因此被稱為邁錫尼文明＊1。

後世認為克里特（米諾斯）文明之所以滅亡，是遭到亞該亞人侵略。

埃文斯在克里特共挖掘出三種文字史料。

一種是圖騰文字。

兩種是線形文字，埃文斯分別將其命名為A和B。

線形文字B在半個世紀後的1952年，

由年輕建築師麥可・文特里斯＊2成功解讀出含意。

荷馬、施里曼、埃文斯……

這些人的熱情跨越數千年的時光，

讓原本遭到埋沒的歷史能重見光明。

蘇格拉底、柏拉圖與雅典民主政治

到了西元前8世紀，希臘本土誕生了許多城邦[*1]。
民主政治由雅典開始採行，後來其他城邦也紛紛仿效。

西元前4世紀中期的雅典[*2]——
阿卡德梅雅[*3]的學生們圍繞著柏拉圖，
正在聽老師傳授知識。

很久以前[*4]，有一群人
遷徙到這個伯羅奔尼撒
半島[*5]。

如今沒有人知道
這群人是從哪裡
來的。

柏拉圖[*6]

伯羅奔尼撒半島的土地不適
合栽種穀類作物，但很適合
栽種橄欖。

橄欖是很貴重的農作物，除了
食用之外，還可以製造燈油、
化妝品和肥皂。

*1 城邦：（見第5頁）
*2 雅典：現在的希臘首都。古代的發音為「阿大奈」（Athenai）。
*3 阿卡德梅雅：由哲學家柏拉圖在雅典郊外建立的學院，又稱「柏拉圖學院」。
英文中的「學院」（academy）一詞源自於此。
*4 大約西元前20世紀。
*5 伯羅奔尼撒半島：位於現在的希臘南部，突出於地中海的巨大半島。

*6 柏拉圖（約西元前429～前347年）：
古希臘最具代表性的雅典哲學家之一。
蘇格拉底的弟子，亞里斯多德的老師。

接下來大約三百年的歲月裡，又誕生了數個小王國，

這些國家與克里特[7]等地進行貿易，逐漸繁榮起來。

這個文明的中心都市是邁錫尼。

但就在數百年前，這個文明突然滅亡了[8]。

百姓流離失所，不少人遷徙到賽普勒斯[9]、愛奧尼亞[10]等地區。

希臘人口減少至十分之一。

而就在這時，北方來了一群多利安人[11]。

多利安人和希臘原住民生活在一起，逐漸創造出新的文明。

許多都市在這時形成，每個都市都是一個國家。

德爾菲

雅典

奧林匹亞

斯巴達

這些都市被稱為「城邦」。

*7 克里特：位於希臘南方的地中海島嶼。

*8 文明突然滅亡：（見第28頁小知識）

*9 賽普勒斯：位於現今土耳其共和國南方、地中海東邊的島嶼。

*10 愛奧尼亞：（見第4頁）

*11 多利安人：古希臘時代生活在伯羅奔尼撒半島的一個民族。他們征服了原住民，建立了斯巴達（見第5頁）。

31

*1 腓尼基文字：擅長海上貿易的腓尼基人所使用的文字。

*2 奧林帕斯的諸神：共有十二位，故稱奧林帕斯十二神。戴奧尼索斯有時會替換成爐灶與家宅女神赫斯提亞。

後來居住在伯羅奔尼撒的人漸漸稱自己為「赫楞人」。

他們相當瞧不起其他異族，稱這些民族為「巴巴洛伊」，意思是「使用奇怪語言的人」。

他們說希臘語，並使用改良自腓尼基文字*1的字母。

他們信奉的是奧林帕斯的諸神*2。

波賽頓 海洋之神

荷米斯 競技、商業之神

赫菲斯托斯 火、鍛冶之神

赫拉 宙斯的妻子，婚姻之神

阿瑞斯 戰神

戴奧尼索斯 葡萄酒之神

宙斯 主神

狄蜜特 農耕之神

雅典娜 智慧、戰爭與和平之神

阿波羅 太陽、藝術之神

阿提蜜絲 月亮、狩獵之神

阿芙蘿黛蒂 美貌、愛情之神

*3 德爾菲神諭：在德爾菲的阿波羅神殿舉行的神諭儀式。對各城邦的政策執行有相當大的影響。

他們的信仰相當虔誠，謹慎遵循德爾菲神諭*3，

●奧林匹亞

雅典

並在奧林匹亞的祭典*4時舉辦競技比賽。

*4 奧林匹亞的祭典：自西元前8世紀起，希臘人每隔四年會在奧林匹亞的宙斯神殿舉行祭典。

*5 自然哲學：以綜觀的角度為萬事萬物（自然）提出解釋的哲學。

*6 泰勒斯（約西元前624～前546年）：有「哲學之父」美稱的哲學家。

這個時期，愛琴海對岸的愛奧尼亞地區逐漸發展出自然哲學*5。

泰勒斯*6認為萬物的根源（Arche）是水，

阿那克西美尼*7和第歐根尼*8則主張是空氣。

泰勒斯

*7 阿那克西美尼：西元前6世紀中葉的古希臘米利都派哲學家，主張萬物根源為空氣。

阿那克西曼德*9認為萬物的根源是不具形體和任何要素的「無限」，

德謨克利特*10則認為一切物質都是由不可分割的原子所組成。

德謨克利特

*8 第歐根尼：西元前5世紀中葉的古希臘哲學家。傳承阿那克西美尼的思想並進一步推展。
*9 阿那克西曼德（約西元前610～前547年）：古希臘米利都派哲學家，據說是泰勒斯的弟子。
*10 德謨克利特（約西元前460～前370年）：古希臘哲學家，主張萬物根源為原子（atom）。

根據最古老的記載，第一屆奧林匹亞祭典舉辦於西元前776年，地點為希臘南部的奧林匹亞山丘。當時只是一場小型的地區性祭典，競技項目也只有賽跑和摔角，後來才逐漸變得盛大，競技項目也越來越多。最重要的五種競技為賽跑、跳遠、擲鐵餅、擲標槍和摔角，合稱為五大運動。

出現於各地的城邦中，最有名的就屬斯巴達和雅典。

斯巴達有兩個獨立的王室，人民分成三個階級。上等人民為具有多利安血統的斯巴達人，

次等人民為可以從事工商業、但沒有參政權的庇里阿西人，下等人民為幾乎等同於奴隸的希洛人*1。

**斯巴達人
約5000人**

庇里阿西人
約2萬人

希洛人
約5萬人

*1 等同於奴隸的希洛人：負責為上等人民耕種土地、繳納農作物。據說原本是遭多利安人征服的古希臘原住民。亦稱「黑勞士」。

由於希洛人經常起義造反，斯巴達人必須以武力鎮壓，因此上等人民皆接受嚴苛的訓練。

就算是上等人民生下的嬰兒，只要健康狀況不佳，經長老判斷無法成為戰士，

就會被扔下泰格特斯山*2的懸崖。

男孩一到七歲，就必須離開家庭，接受集團生活和每天嚴苛的磨練。

*2 泰格特斯山：位於伯羅奔尼撒半島上的山脈

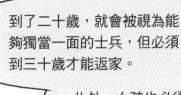

到了二十歲，就會被視為能夠獨當一面的士兵，但必須到三十歲才能返家。

此外，女孩也必須像男孩一樣接受徹底訓練。

這一切都是為了培養出優秀的士兵。

這套制度稱為「來古格士法」，

據說是由傳奇人物來古格士[3]所制定。

來古格士

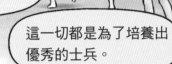

*3 來古格士：為斯巴達發展奠定法律基礎的人物，但有人認為來古格士只是虛構的傳說。

另一方面，

雅典則在早期便廢除了王政，進入貴族統治時代。

藉由和希臘人殖民都市之間的往來貿易，平民的生活越來越富裕，他們開始自行整飭裝備，為了保衛國家而投身沙場。

馬賽
拿坡里
塔蘭托
墨西拿
敘拉古
拜占庭
米利都
諾克拉提斯
昔蘭尼

（希臘主要殖民都市）

重裝步兵，對吧？

沒錯。

小知識

斯巴達（見第5頁）是多利安人在征服了希臘原住民（亞該亞人）後建立的國家。次等人民與奴隸的人數是上等人民（見34頁）的數十倍，因此採行徹底的軍國主義。為了多生一些保家衛國的勇士，斯巴達鼓勵女性早婚，並懲罰不結婚的單身主義者。

以重裝步兵身分參與戰鬥的平民*1，開始抱持身為國家一分子的自覺，

進而想要在政治決策上表達自己的意見，

因此經常和貴族發生對峙的情況。

為了防止貴族在政治和審判上罔顧人民利益，德拉古*2特地制定出一套法律。

德拉古

梭倫*3

貴族與平民的對峙一直持續，到了西元前6世紀初期，梭倫試圖解決這個問題，制定了以財產多寡決定參政權限大小的法律。

*2 德拉古：西元前7世紀的雅典立法家，制定了完整的法典。

*3 梭倫（約西元前640～前560年）：雅典的政治家。在西元前6世紀初期推動改革，訂定以財產稅法律、平民參政的規定。

這套法律可說是現今民主政治的基礎。

但重視血統的貴族和生活變得富裕的平民之間，隔閡並沒有獲得改善。

貴族的狂妄自大一直沒有改變。

哈哈哈…

在這個混亂的時期，心懷不滿的平民開始支持庇西特拉圖*4。

*4 庇西特拉圖（？～西元前527年）：約西元前6世紀的雅典政治家。在平民的支持下採行獨裁政治。

庇西特拉圖雖然是個無視法律規範的僭主*5，

但他利用出租農地的方式讓農業變得發達，

庇西特拉圖

並建造巨大神殿，彙整了荷馬史詩*6。

他還在雅典舉辦酒神祭*7活動，這個舞臺更成為後來表演戲劇的場地。

索福克勒斯*9

埃斯庫羅斯*8

這麼說來，僭主不見得全都是壞人？

是啊，但他的兒子希庇亞斯*10卻是個想要實施恐怖統治的暴君。

貴族之一的克里斯提尼*11便向斯巴達借兵，將希庇亞斯流放至外國。

克里斯提尼為了防止政治上再度出現僭主，積極推動改革。

他將有血緣關係的各部落人民劃分至不同的居住地區，

並且重新組織成十個部落。

每個部落選出五十人作為代表，建立五百人評議會制度。

*5 考王，當天靈 11 芃伐戈拏子，暴考旨己勺彙 丂下丁觀或攵台勾充台晉。

*6 荷馬史詩：旨《尹利亞德》（見9頁）卍《奧德賽》（見3頁）。

*7 酒神祭：雅典舉辦的祭典之一，祭祀掌管豐收和葡萄酒的酒神戴奧尼索斯。

*8 埃斯庫羅斯（西元前525～西元前456年）：古希臘時代的雅典三大悲劇詩人之一，代表作有《阿伽門農》。

*9 索福克勒斯：（約西元前496～前406年）：古希臘時代的雅典三大悲劇詩人之一，代表作有《伊底帕斯王》。

*10 希庇亞斯：庇西特拉圖的兒子。自己也曾當上僭主（在位期間西元前527～前510年），但遭到流放，逃往波斯。

*11 克里斯提尼（生卒年不詳）：西元前6世紀末期的古希臘時代雅典政治家，建立了民主政治的基礎。

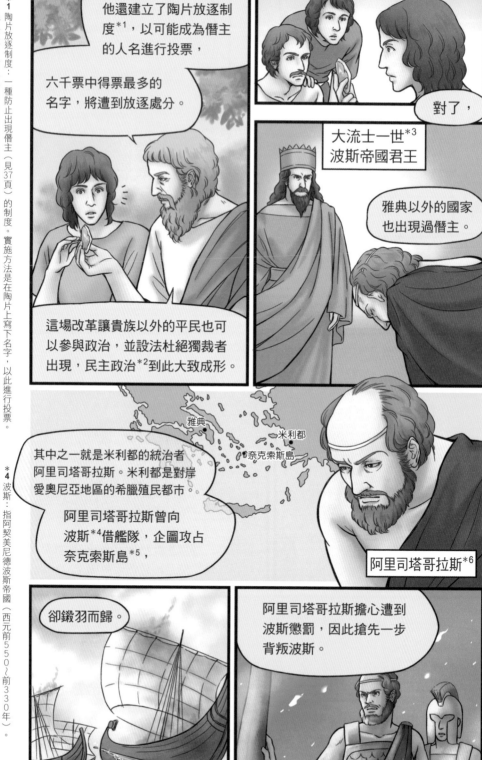

*1 陶片放逐制度：一種防止出現僭主（見37頁）的制度。實施方法是在陶片上寫下名字，以此進行投票。

*2 民主政治：指人民為了維護自身利益而參與政治。現代的民主主義，便是以古希臘的民主政治為基礎。

*3 大流士一世（在位期間西元前522～前486年）：阿契美尼德波斯帝國第三代君王，下令遠征希臘。

*4 波斯：指阿契美尼德波斯帝國（西元前550～前330年）。

*5 奈克索斯島：位於愛琴海南部的島嶼。

*6 阿里司塔哥拉斯：位於愛奧尼亞地區的希臘殖民都市米利都的統治者。

阿里司塔哥拉斯擅長靠演講煽動人心。

他說服雅典人民派出軍隊支援他在愛奧尼亞地區的叛亂。

雅典人民參加這場戰爭是基於某種理念？

也許是某種理念，也許是某種利益。

至少……

那些遭到詭騙的雅典士兵對此深信不疑。

但強大的波斯軍隊平定了這場叛亂。

大流士一世對雅典支援叛軍一事大為震怒，

在西元前490年派出大軍攻打希臘本土。

這就是波希戰爭*7的開端。

波斯帝國首都波斯波利斯，由大流士一世興建，直到兒子薛西斯一世的時代才完成，共花費三十多年。據說宮殿壯觀華麗，呈現出大帝國的風範。例如「百柱大廳」使用了一百根柱子，每根柱子高達20公尺。此外，還有謁見各國使節時使用的「阿帕達納宮」。

小知識

---

*7 波希戰爭：以雅典為首的希臘城邦聯合軍，對抗波斯帝國的軍隊。從西元前500～前449年的大約五十年間，陸續發生了大小戰役。

此時帶領波斯軍隊進入馬拉松海岸的人，

馬拉松
雅典

就是遭放逐的雅典僭主，庇西特拉圖的兒子希庇亞斯。

NO

當初我們不該隨阿里司塔哥拉斯起舞，派軍支援他的叛變，說起來雅典人有錯在先。

波斯大軍壓境時，雅典慌忙向斯巴達求援，但斯巴達卻以正在舉行宗教祭典為由拒絕。

祭典期間禁止戰鬥，所以無法派出援軍。

斯巴達那些傢伙！

雅典和友邦普拉蒂亞組成了為數一萬的希臘軍隊，

與為數兩萬的波斯軍隊在馬拉松大戰一場。

此時發揮最大戰力的是……

重裝步兵！

重裝步兵分成左右兩邊，
組成「方陣」*[1]隊形，

將盾牌緊緊排列在一起，再以長槍
自縫隙間攻擊敵人。

波斯軍隊遭到夾擊，6400人
死亡，大敗而逃。

相較之下，希臘軍隊只有
192人死亡。

*1 方陣：一種重裝步兵聚集在一起的密集隊形。

傳令兵為了報捷，從馬拉松
一口氣跑回雅典，足足跑了
40公里。

勝利！勝利！

傳令兵喊完就累死了。

嘿 嘿 嘿 嘿

哈啊

哈啊

倒

據說為了紀念這名傳令兵，
才誕生了馬拉松比賽。

不過，這其實是羅馬時代
之後捏造出來的傳說。

馬拉松一戰雖然大敗，但波斯
並沒有因此放棄報仇。

大流士一世去世後，繼任君王
薛西斯一世*[2]在西元前480年
派出二十萬大軍、一千艘船艦
攻打希臘。

赫勒斯滂海峽

←波斯軍
前進路線

溫泉關

薩第斯

雅典

薩拉米斯島

薛西斯一世
波斯帝國君王

*2 薛西斯一世（在位期間西元前486～前465年）：大流士一世的兒子，繼承了父親的遺志。

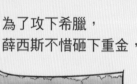

為了攻下希臘，
薛西斯不惜砸下重金，

在赫勒斯滂海峽*1
排列船艦搭起橋梁，

阿索斯海角

更在阿索斯海角*2挖出一條
能夠縮短航程的運河。

*1 赫勒斯滂海峽：連接愛琴海與馬摩拉海的海峽。現稱為達達尼爾海峽。

希臘也組成聯軍，想要與波斯
再次一較高下。

這次斯巴達派出了軍隊，
聯軍的總指揮官為斯巴達國王
列奧尼達*3。

*3 列奧尼達（在位期間西元前488～前480年）：斯巴達國王，在溫泉關戰役中戰死。

*2 阿索斯海角：位於現今希臘東北方，突出於愛琴海的半島之一。

列奧尼達
斯巴達國王

· 亞德米西林

溫泉關 ·

普拉蒂亞

· 雅典

薩拉米斯島

波斯的陸軍進攻溫泉關，
海軍進攻亞德米西林海岸。

列奧尼達王率領三百名斯巴達士兵、
七百名帖斯庇埃士兵和四百名底比斯
士兵，在溫泉關與波斯軍隊大戰一場。

但由於底比斯軍陣前倒戈，
希臘軍隊全滅。

在亞德米西林
的希臘海軍接
到消息後，

趕緊撤退到
薩拉米斯海域。

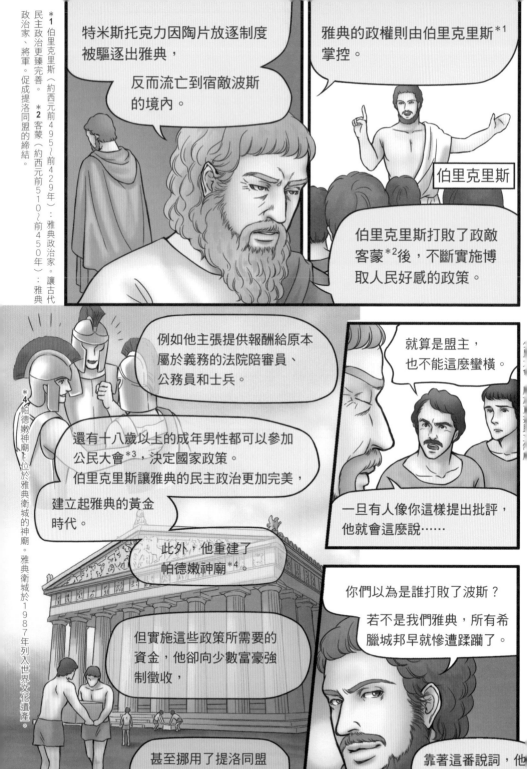

*1 伯里克里斯（約西元前495～前429年）：雅典政治家。讓古代民主政治更臻完善。 *2 客蒙（約西元前510～前450年）：雅典政治家、將軍。促成提洛同盟的締結。

*4 帕德嫩神廟：位於雅典衛城的神廟。雅典衛城於1987年列入世界文化遺產。

伯里克里斯的蠻橫作風，
對其他城邦也造成了危害。

他擅自對其他城邦實施殖民政策，
若有城邦企圖脫離提洛同盟，就會
加以攻打並索求賠償金。

＊5 伯羅奔尼撒戰爭：發生於西元前431～前404年的戰爭。交戰的雙方是以雅典為盟主的提洛同盟，和以斯巴達為盟主的伯羅奔尼撒同盟。

各城邦逐漸對雅典產生不滿，
就在雅典打算奪取科林斯的殖民
地時，這些城邦聯合起來反抗。

西元前431年，這些城邦以斯巴達為盟主，
締結伯羅奔尼撒同盟，發動了伯羅奔尼撒
戰爭＊5。

雅典擁有十分充裕
的資金，

因此只是堅守城池，等敵人
耗盡資源後自行退兵。

沒想到城內卻發生了
瘟疫，當時每三個人
民就有一個死亡。

聽說我祖父也
死了好幾個兄弟。

失去統治者的雅典，開始出現一些
家境富裕卻油嘴滑舌的政治家。

這些政治家被稱為
「德馬哥古」＊6，
也就是煽動者的意思。

＊6 德馬哥古：指古希臘一群靠著花言巧語影響政治、煽動民眾的政治家。英文的「群眾煽動者」（demagogue）一詞就是源自於此。

就連統治雅典
的伯里克里斯
也病死了。

這些油嘴滑舌的政治家在面對
困境時頻頻做出錯誤決定，
導致雅典的國力逐漸衰退。

就在這個時期……

大約二十年前，戰爭陷入泥沼，民眾也越來越感到焦躁。

哲學家蘇格拉底基於憐憫之心，

蘇格拉底[1]

希望能夠引導世人好好思考什麼才是最重要的事。

蘇格拉底！你真是太懶惰了！

整天不工作，只會找朋友聊天！

贊西佩
蘇格拉底的妻子

蘇格拉底不應該工作。

他的雙手存在目的不是為了賺錢，而是為了給年輕人指引方向。

阿爾西比亞德斯[2]

看來這女人愛上你了。

唔……既然阿爾西比亞德斯先生這麼說……

*1　蘇格拉底（約西元前469～前399年）：雅典的哲學家，擅長透過對話讓人領悟「無知之知」。
*2　阿爾西比亞德斯（約西元前450～前404年）：雅典的政治家、軍人。德馬哥古（煽動政治家）之一。他同時也是蘇格拉底的弟子。

你說什麼？
我可是你老婆！

暴雷之後，
必有陣雨……

發

夫人，請冷靜點！

別管了，老師
自己也樂在其
中呢。

年輕時的柏拉圖

這看起來像是
樂在其中嗎？

你的腦筋太死了，恐怕
無法理解。

人生苦短，
何不及時行樂？

真不敢相信
你也是老師
的弟子！

我就是我，不是
任何人的弟子。

擦擦

我來到這裡，是因為
我喜歡老師這個人。

我跟你不一樣，不是為了
聽老師說那些無聊的話。

47

這個看似個性隨和的阿爾西比亞德斯，也是把雅典人耍得團團轉的德馬哥古（煽動政治家）。

這時期雅典暫時和斯巴達簽下了和平協定，

阿爾西比亞德斯卻提議單方面毀約，攻打伯羅奔尼撒同盟的西西里。

在和西西里交戰前，阿爾西比亞德斯遭控告對神犯了褻瀆罪，因而被命令提前歸國。阿爾西比亞德斯心懷不滿，竟然投靠斯巴達，一度在戰場上將雅典逼入困境。

阿爾西比亞德斯還曾經投靠波斯，但最後還是回到雅典。

他再度率領雅典的艦隊攻打斯巴達，卻慘遭敗北。

就在他打算再一次逃到波斯的時候……

這也算是及時行樂吧。

他的人生畫下了悲慘的句點。

伯羅奔尼撒戰爭最終以雅典敗北收場。

阿爾西比亞德斯死了？

咬牙...

斯巴達對敗北的雅典相當寬大，並沒有進行屠殺，只要求拆除城牆和放棄殖民地、艦隊。

但為了防止雅典人復仇，斯巴達嚴格監視著雅典人的一舉一動。

西元前404年，在斯巴達的支持下，三十人僭主集團開始採行寡頭政治*。

這下子政治應該會改善一點吧……

我原本對這三十人僭主集團抱持著期待，但這份期待馬上就落空了。

三十人僭主集團竟然徹底打壓人民，擅自將人民處刑並奪走財產。

*寡頭政治：由特定少數人掌握權力統治人民的政治型態。

由雅典率領的提洛同盟，與斯巴達率領的伯羅奔尼撒同盟之間發生的戰爭，稱為伯羅奔尼撒戰爭（見45頁）。這場戰爭從西元前431年打到前404年，持續長達二十七年的時間。原本斯巴達的海軍實力輸給雅典，但斯巴達暗中聯合波斯，取得海上優勢，最終贏得勝利。

小知識

老師，您不為此表達抗議嗎？

人民渴望著鮮血，誰來當領導者都一樣。

恐怖政治當然無法長久維持，短短一年後雅典又恢復了民主政治。

但這次的民主政治卻奪走了一位哲學家的性命。

阿爾西比亞德斯的背叛是雅典敗北的主因之一，而蘇格拉底從前與他頗有交情，因而遭到舉發。

蘇格拉底遭控訴的罪名為「不敬諸神」和「誤導年輕人」。

剛開始的投票表決中，501名陪審員＊1 裡，約有將近一半的人認為，應該將蘇格拉底無罪開釋。

這樣還不夠。

這種程度還無法讓這個國家清醒……

審判的後半段*2，蘇格拉底說了這麼一段話。

既然如此……

各位，我該為自己判下什麼樣的刑罰？

是罰錢，還是流放國外？

為了當一個正直的人，我從來不過問政治，也不累積財富，

而且我不斷地向人民提出忠告。

我對雅典有如此大的貢獻，但我卻如此貧窮。

我認為國家應該出錢供我生活。

太傲慢了！

你以為你是誰？

蘇格拉底這番話，讓陪審員們的意見倒向處以極刑。

*2 審判的後半段：審判的程序為先投票表決是否有罪，一旦認定有罪，原告與被告必須各自提出該罰得多重，再交由投票表決該選擇哪一邊的刑罰。

我不希望你死！
求求你別死！

你為什麼要為國家做到
這個地步？

原來……

你看得出來我是故意
這麼做的？

我可是你老婆。

既然是我老婆，
應該知道我的固執。

你快走吧！
一看到你，我的決心
就開始動搖了！

幫我把朋友們
叫進來。

過去的希臘哲學家都是從大自然中追求真理，但蘇格拉底卻主張從人性中追求真理。其最具代表性的觀念為「無知之知」，意思就是「明白自己什麼也不明白」。遭宣告死刑的公開審判過程，都由弟子柏拉圖以對話形式記錄在〈蘇格拉底的申辯〉一文中。

小知識

轉身

噠噠噠

蘇格拉底，

我已經安排好了。

克力同
朋友之一

就算你逃走，
也不會有人責怪你。

不，當然有。

在這裡……

蘇格拉底！

法律對我
宣判了死刑。

如果我逃走，
等於我對雅典法律
宣判了死刑。

蘇格拉底的弟子柏拉圖所興辦的「阿卡德梅雅」學院，培育出許多學者和政治家。尤其是遺留下生物學、政治、經濟、倫理等各領域著作的亞里斯多德，更被後世尊稱為「萬學之祖」。

蘇格拉底、柏拉圖和亞里斯多德三人並稱為希臘三大哲學家，對後世造成非常深遠的影響。

蘇格拉底喝下毒酒，在朋友和眾弟子
的圍繞下與世長辭。

柏拉圖對殺死蘇格拉底的雅典
感到灰心，因而流浪到義大利、
西西里島等地。

直到四十多歲時，柏拉圖才回到雅典，舉辦名為
「阿卡德梅雅」的學院，培養自己的弟子。

53

就像當年的蘇格拉底
一樣……

老師！

老師！

歷史就說到這裡，
接著我們來談更重要
的事。

這世上存在著不變的「理
想」，我們眼中看見的不
過是其模糊的陰影。

不管是微小生物、天上繁星、
人工製造物，甚至是勇氣……

所有萬物的內部，在諸神創造世界之前，
便存在著「理想」。

又在說
得個

世上真的存在
「理想」嗎？

亞里斯多德*1

*1 亞里斯多德（西元前384～前322年）：希臘哲學家，曾在柏拉圖的學院內求學，後來在馬其頓擔任亞歷山大王子的老師。

我只能說
但願有。

柏拉圖在世時，留下
數部以蘇格拉底為敘
述者的著作。

尤其是在這個英雄
會因忌妒而在一夜之間
變成公敵，小人一遇上危難就不知廉恥
投靠敵人的時代。

柏拉圖去世後……

*2 萊斯博斯島：位於愛琴海東北方的島嶼。

*3 馬其頓：古希臘北方的國家。

馬其頓[3]國王腓力二世[4]聽到他的名聲，聘請他擔任亞歷山大王子[5]的老師。

重視事實更勝於理想的亞里斯多德離開學院，移居至萊斯博斯島[2]，專心從事自然科學的研究。

*4 腓力二世（在位期間西元前359～前336年）：馬其頓國王。曾以武力逼迫希臘臣服。亞歷山大三世的父親。

*5 亞歷山大王子（西元前356～前323年）：即亞歷山大三世。身兼馬其頓國王、科林斯同盟盟主、埃及法老王等身分。

*6 呂刻昂：亞里斯多德所開創的學院（見67頁）。

腓力二世去世後，王子即位為亞歷山大三世。亞里斯多德回到雅典，建立了一座類似「阿卡德梅雅」的學院，命名為「呂刻昂[6]」。據說亞里斯多德在學院裡總是一邊散步一邊上課。

*7 西元前371年，希臘中部的底比斯戰勝了斯巴達，約有十年時間掌握了希臘的主導權。

斯巴達雖取代雅典成為希臘盟主，但就跟雅典一樣，斯巴達也開始企圖染指其他城邦，最後失敗而逐漸式微[7]。

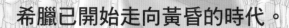

希臘已開始走向黃昏的時代。

3 亞歷山大與希臘化世界

在希臘各城邦之間打得難分難解時，北方的馬其頓王國正逐漸壯大勢力，最後終於由亞歷山大大帝建立起橫跨東西方的巨大帝國！

馬其頓

佩拉

希臘

索格底亞那

亞美尼亞

巴克特里亞

敘利亞

米底亞

埃及

格德羅西亞

印度

波斯

西元前356年
馬其頓首都佩拉

左右張望

在伯羅奔尼撒戰爭[*1]中打敗雅典[*2]，一舉成為希臘盟主的斯巴達[*3]，並沒有長久維持其榮耀。

就像當初為了本國繁榮而盜用提洛同盟[*4]公款的雅典一樣，原本堅毅務實的斯巴達也漸漸變得傲慢，在墮落中日趨式微。

馬其頓

各城邦[*5]互相攻伐，導致國力空虛。

雅典

斯巴達

而在此同時，北方的馬其頓[*6]迅速增強實力並擴張領土。

[*1] 伯羅奔尼撒戰爭：發生於西元前431～前404年的戰爭（見43頁）。

[*2] 雅典：希臘的強大城邦之一（見35頁）。

西元前343年　米埃札學院[*7]

馬其頓國王腓力二世[*8]延攬知名哲學家亞里斯多德[*9]，當其孩子的老師。

亞里斯多德的父親是腓力二世的主治醫師，因此兩人頗有淵源。

[*3] 斯巴達：多利安人建立的城邦。擁有最強悍的重裝步兵，在軍隊訓練上相當嚴苛（見34頁）。

[*4] 提洛同盟：城邦之間的軍事同盟。締結於西元前478年，以雅典為盟主。

[*5] 城邦：指都市型國家（見31頁）。

[*6] 馬其頓：位於古希臘北方的國家。

千萬不能被語言蒙蔽了心靈。

任何時候都要看清現實。

亞里斯多德　41歲

[*8] 腓力二世：（在位期間西元前359～前336年）：馬其頓國王，曾征服除了斯巴達以外的希臘全土。

[*9] 亞里斯多德：古希臘哲學家。被後世認為是集希臘哲學之大成的人物（見54頁）。

語言既然能蒙蔽人心，
當然也能鼓舞人心，
不是嗎？

亞歷山大*10　13歲

*10 亞歷山大（西元前356～前323年）：繼承父親的王位，
成為馬其頓國王（在位期間西元前336～前323年）。消
滅了波斯帝國，疆土遠及印度河流域。

語言會讓民眾成為
暴徒。

就像雅典，人民被
「德馬哥古*11」耍得
團團轉，國家才會逐漸走向
滅亡之途。

走向滅亡？

那是理所當然的事。馬其頓
也是多利安人*12建立的國
家，與希臘沒什麼不同。

但希臘那些傢伙完全不尊重
我們馬其頓。

這就是傲慢的
後果。

即使如此，

我們還是應該對希
臘人民建立的偉大
文化表現出敬意。

*11 德馬哥古：指古希臘一群擅長煽動人民的政治家（見45頁）。
*12 多利安人：古希臘時代居住於伯羅奔尼撒半島上的民族。征服
了原住民，建立斯巴達城邦。

小知識

亞歷山大三世相當好學，即使是在遠征波斯和埃及時，也將大批學者帶在身邊，命令他們持續做研究。後世的法國將軍拿破崙在遠征埃及時也帶了不少學者，據說就是為了模仿亞歷山大。拿破崙帶學者遠征埃及的做法，成為後世學者解讀埃及聖書體的契機。

……母親說我是神的孩子，你認為呢？

我不知道。

瞪

算了，你沒有必要回答。我很清楚自己只是個凡人。

但只要我長大後建立偉大的功績……

就能接近神？

點頭

……

王子！

王子！

來吧！

你們兩個同時上吧！

托勒密*1！克拉特魯斯*2！不，三個一起上！

*1 托勒密（約西元前367～前283年）：馬其頓的軍人、政治家。亞歷山大大帝的部下。大帝死後，建立了埃及托勒密王朝（西元前304～前30年）。

*2 克拉特魯斯：馬其頓的軍人，亞歷山大大帝的部下。

60

腓力二世

我的祖先曾請求參加奧林匹亞祭典，卻遭到希臘人拒絕！

他們竟然敢這麼對待擁有阿耳戈斯*1血統的我們！

在他們眼裡，我們馬其頓只是「巴巴洛伊」（野蠻人）的國家！

但那只到今天為止！

從明天起，整個希臘都將臣服於馬其頓！

喔喔 喔喔喔 喔喔喔 喔喔喔喔

喔喔喔喔喔

撤退！

撤退！

兩軍剛交戰沒多久，腓力二世率領的騎兵就開始退後。

小知識

腓力二世年輕時曾在古希臘城邦底比斯當過人質，學會了以手持長槍的士兵組成密集隊伍的「方陣」（見41頁）戰法。在他獲得軍隊推舉為國王後，他大幅強化了步兵部隊的實力，這正是基於當年學到的知識。

這就是馬其頓的實力？太弱了吧！

殿下？

忍耐。

63

分出勝負了。

這次我們以少勝多，
為什麼您看起來並不
特別開心？

這是一場開戰前就看
得出輸贏的戰爭。
何況這場勝利並
不是我的功勞。

是父王的戰術
太高明。

抱歉，兒子！
看來我沒辦法留下
一些敵人讓你征服！

接下來是波斯？

數年之內，我一定
會占領這片廣大的
土地！

或許你該學的不是戰術，
而是治國之術！

腓力二世獲勝後，在政治上讓征服過的希臘城邦依然保有自治權。

但他組成了科林斯同盟*1，掌握除了斯巴達之外的希臘全軍指揮權。

野心勃勃的腓力二世，早已看準了下一個征服的目標。

我以科林斯同盟盟主身分，提議討伐波斯！

我們怎麼可能贏得過那個大帝國？

波斯不是敵人，是富裕的貿易對象！

從前波斯人曾經蹂躪這塊土地，殘殺人民，破壞神殿。

諸神一定希望我們報這個仇！

沒錯！不能忘了溫泉關之戰*2的深仇大恨！

只要我們科林斯同盟團結一心，波斯根本不是我們的敵手！

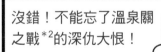

腓力二世抬出諸神的名義，反對派也不好再說什麼。

…… ……

*2 溫泉關之戰：西元前480年，在溫泉關發生的一場激戰。斯巴達軍抵擋入侵希臘的波斯軍，但最後全軍覆沒（見42～43頁）。

腓力二世遠征波斯所用的藉口，起因於當年波希戰爭（見39頁）時，希臘許多神殿都遭到破壞，必須攻打波斯才能平息諸神的憤怒。這原本是歐洲第一場以征服外國為目的的戰爭，卻因腓力二世遭暗殺而中止。亞歷山大三世繼承父親王位時，年僅二十歲。

65

你要離開了？

你已經是國王，國王不需要老師。

是嗎？

老師，

你說錯了一點，

我不是普通的國王。

我是亞歷山大大帝*2。

*3 呂刻昂：亞里斯多德創辦的學院。由於位在雅典東部郊外的呂刻歐斯（即阿波羅神）神殿附近一處有運動場和庭園的地方，因此取了這樣的名稱。

亞里斯多德回到雅典，建立一座名為「呂刻昂*3」的學院。

*4 逍遙學派：指亞里斯多德和呂刻昂學院眾弟子組成的學派。

由於他喜歡一邊散步、一邊講課，因此他和弟子所組成的學派被稱為──逍遙學派*4。

腓力二世去世後，希臘各城邦紛紛開始反抗馬其頓。

亞歷山大為了殺雞儆猴，率軍將底比斯城徹底摧毀。

唯一沒有搗毀的建築物，是亞歷山大所敬愛的詩人品達[1]的家。

接下來，

該處理一下父親沒做完的事了。

科林斯[2]

全希臘都承認了亞歷山大三世是科林斯同盟的盟主。在遵照父親的遺志遠征波斯前，亞歷山大來到科林斯，還有另一個目的。

第歐根尼[3]
哲學家

嗯？

你就是第歐根尼？

是又怎樣？

聽說你不肯接受我的招聘？

我知道你是位偉大的哲學家，我特地來見你，你還是不賣我這個面子？

只要我不感興趣，誰來都一樣。

你不怕我殺了你？

揮 揮

據說第歐根尼身上只穿著粗糙的上衣，住在路旁的大木桶裡。他自稱「世界之民」，主張自由不該受國家與道德所束縛。亞歷山大三世見了第歐根尼後，曾說過「若我不是亞歷山大，願做第歐根尼」。

小知識

你是個流氓惡棍？

當然不是。

既然不是，我為什麼要怕？

對吧，大帝！

你這傢伙，

明知道我是亞歷山大，還敢這麼無禮。

你的眼睛和你父親很像。

起身

你認識我父王？

我跟父王比起來如何？

嗯？

呼呵～

沒什麼不同吧。

從前見過一面。

你跟你父親一樣，打完希臘要打波斯？

格局真小啊。

你說我格局小？

就算你再怎麼東征西討，你的領土總有盡頭。

但我是「世界之民」，我的眼中沒有國界。

……呵呵。

看來我們追求的都一樣，都是沒有盡頭的世界。

……哲學家啊，

有沒有什麼我能為你做的事？

你能為我做的事，就是閃遠一點。

笑

你擋住了我的陽光。

西元前334年，
亞歷山大大帝開始遠征
東方。

亞歷山大的軍隊在格拉尼庫斯河畔，
遇上投靠波斯的希臘人門農*1的軍隊。

亞歷山大打敗門農，逐一征服
愛琴海沿岸的都市，直抵塔爾
蘇斯。

馬其頓

格拉尼庫斯河

希臘

塔爾蘇斯

伊蘇斯

阿勒頗

波斯君王大流士三世*2也率軍出戰到
了阿勒頗。亞歷山大率軍抵達阿勒頗
和塔爾蘇斯中間的伊蘇斯時，將傷兵
留在此地，繼續往南進軍。

沒想到波斯軍卻走北方的
道路，占領了伊蘇斯，將
留在此地的馬其頓士兵砍
斷手臂。

當亞歷山大大帝得知
這件事時──

喪失了和大流士三世
決戰的時機，我真是
失策。

天賜良機！

從背後攻擊大流士
的軍隊！

是！

*1 門農：希臘軍人。投靠了波斯，阻撓亞歷山大的進軍。

*2 大流士三世（在位期間西元前336～前330年）：阿契美尼德波斯帝國的最後一任君王。

71

波斯帝國統治埃及時，對埃及的宗教和文化習慣相當輕視，因此引來埃及人的反感。相較之下，亞歷山大相當重視埃及文化，且將統治權交給埃及人。

當然，財政和軍事實權還是掌握在馬其頓人或希臘人手中。

西元前333年，十萬波斯軍在伊蘇斯與四萬馬其頓軍大戰一場。

那就是敵軍本陣？

大流士三世！洗好腦袋等著我！

大帝！請等等我們！

那是什麼軍隊？

大流士三世

是亞歷山大的軍隊！

往我們這邊衝過來了！

他自己率領先鋒部隊？

不妙！快撤退！

但王妃殿下她們也在本陣之中。

保住我的性命才重要！我相信他不會殺女人和小孩！

大流士三世帶著母親、妻子和孩子們御駕親征，卻在交戰時陣前逃亡。

這一刻，亞歷山大已註定將獲得勝利。

遭扔下不理的大流士三世的家人。

我絕對不會加害你們。

請放心。

你母親有你這樣的兒子，一定感到很驕傲。

你兒子有你這樣的母親，一定也感到驕傲。

她肚子裡還懷著君王的孩子。

我會安排你們住在舒適的地方。

伊蘇斯

泰爾

腓尼基

孟菲斯

埃及

亞歷山大繼續沿著海岸線揮軍南進，

征服了腓尼基的各都市，接著進逼埃及。將波斯勢力驅逐出埃及之後，埃及人擁立亞歷山大為法老王。

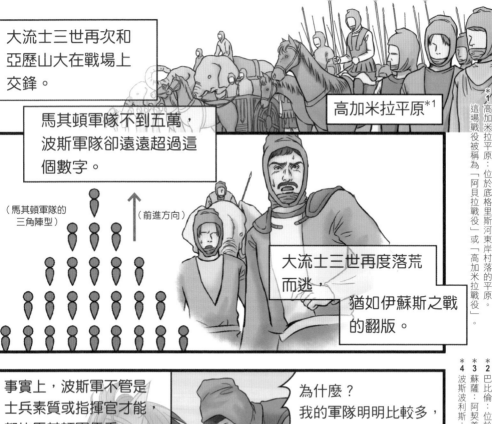

大流士三世再次和亞歷山大在戰場上交鋒。

高加米拉平原[1]

馬其頓軍隊不到五萬，波斯軍隊卻遠遠超過這個數字。

（馬其頓軍隊的三角陣型）

（前進方向）

大流士三世再度落荒而逃，

猶如伊蘇斯之戰的翻版。

事實上，波斯軍不管是士兵素質或指揮官才能，都比馬其頓軍優秀。

為什麼？我的軍隊明明比較多，為什麼會落敗？

大流士三世終其一生都沒有發現，波斯軍隊敗北的主因在於他自己的膽小。

另一方面，亞歷山大大帝繼續進擊，攻下了巴比倫[2]、蘇薩[3]，

這就是？

終於在西元前330年，進駐波斯首都波斯波利斯[4]。

[1] 高加米拉平原：位於底格里斯河東岸村落的平原。這場戰役被稱為「阿貝拉戰役」或「高加米拉戰役」。

[2] 巴比倫：位於美索不達米亞地區南部幼發拉底河畔的都市，在現今伊拉克境內。

[3] 蘇薩：阿契美尼德波斯帝國的政治中心都市，位於現今伊朗西南方。

[4] 波斯波利斯：阿契美尼德波斯帝國的祭祀中心都市，位於現今伊朗西南方。

亞歷山大看得目瞪口呆，
簡直不敢相信自己的眼睛。

打扮華麗的人民、奢華的
宮殿、數不清的金銀珠寶。

波斯波利斯此時依然是
世界上最富裕的都市。

進駐這個都市的馬其頓
軍，也一舉成為世界上
最富裕的軍隊。

呼
滑

陛下。

什麼事，泰絲？

這場戰爭是為了替神殿遭毀
的諸神向波斯報仇，

不是嗎？

泰絲

泰絲是托勒密的情人，隨著
軍隊一起行動。

是啊。

那麼，
若不把波斯的首都毀掉，
諸神恐怕不會滿意。

隨便你們吧。

大帝隨口說的一句話，竟導致部下們像發瘋一樣大肆燒殺。

亞歷山大大帝一喝酒就會失去理性。

具有悠久歷史的世界最富裕都市，就在大火中化為廢墟。

把泰絲殺了吧。

住手！我答應讓他們這麼做的。

歷史絕對不會原諒我的暴行。

陛下……

右側直排文字：

西元前330年，亞歷山大進駐波斯波利斯宮殿（見39頁）。自該年冬天到隔年初夏，總共在宮殿中住了約四個月。這是一座相當巨大的宮殿，面積廣達12萬平方公尺，寶物庫裡有大量財寶和金幣，據說花了一萬輛騾馬車和五千頭駱駝才全部運出去。

小知識

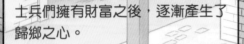

士兵們擁有財富之後，逐漸產生了歸鄉之心。

好想趕快結束這場戰爭……好想帶著財寶凱旋還鄉……

就在大家心中萌生這個念頭時，遙遠東方傳來一個消息。

＊
3
貝
蘇
斯
（
？
～
約
西
元
前
３
２
９
年
）
：
阿
契
美
尼
德
波
斯
帝
國
巴
克
特
里
亞
的
行
政
長
官
。
暗
殺
大
流
士
三
世
後
，
自
稱
波
斯
王
。

＊
2
行
政
長
官
：
指
阿
契
美
尼
德
波
斯
帝
國
派
往
各
省
的
總
督
。

＊
1
巴
克
特
里
亞
：
波
斯
行
省
之
一
。
位
於
現
今
阿
富
汗
境
內
。

什麼？大流士三世被殺了？

看來我們可以提早回馬其頓了。

聽說是遭心腹手下背叛。

立刻發兵討伐那個叛徒！

亞歷山大或許是想起父親腓力二世也是遭心腹手下殺害，因而決心為大流士三世報仇。

亞歷山大大帝下令追殺謀害大流士三世的巴克特里亞*1行政長官*2貝蘇斯*3。

對此決定提出不滿的部下都會遭受嚴厲刑罰。

還沒完，

殺死貝蘇斯後，亞歷山大大帝的東征並沒有結束。他將巴克特里亞和索格底亞那*4納入版圖後，竟朝著印度進軍。

我還沒看見世界的盡頭。

當時印度北方正處於小國林立的狀態。其中一名君王波羅斯*5不肯屈服於亞歷山大。

亞歷山大的軍隊人數雖不足一萬人，但最後還是獲得勝利，逼使波羅斯投降。

*5 波羅斯：西元前4世紀，印度北方諸國君主之一。

*6 科那斯：馬其頓的軍人。以將軍的身分為亞歷山大三世出生入死，參加過無數戰役。

然而從遠征開始已過了八年，實在無法繼續進軍了。

到底還要走多遠，才能到世界的盡頭？

還要征服多少國家，我才能獲得全世界？

陛下。

您在思考下一場戰爭嗎？

老臣 科那斯*6

可以這麼說。

陛下，我很想永遠待在您身邊為您效力。

但您看看我這雙手，已經連長槍也抓不牢了。

只要您一聲令下，我願意以牙齒和指甲為您上戰場殺敵。

但我不知道還能幫得上多少忙。

退下！

所有士兵都已經歸心似箭了。

別胡說，我的士兵不會那麼軟弱。

您也看到科那斯老態龍鍾的樣子了吧？

所有士兵都願意為陛下赴湯蹈火，但畢竟他們跟陛下不同，他們只是一群凡人。

請恩准他們返回家鄉吧。

……第歐根尼啊，看來不論征服多少土地，我的世界都不可能跟你一樣寬廣。

告訴士兵們！

打包行李回家了！

可是亞歷山大大帝再也不曾踏上故鄉馬其頓的土地。

當他抵達巴比倫時，忽然發了十天高燒，就這麼與世長辭了。這位偉大的君王，最後竟死於瘧疾。

小知識

波斯君王大流士三世的母親成為俘虜後，受到亞歷山大親切對待，因而大受感動。據說亞歷山大病逝的五天後，大流士三世的母親也悲傷而死。

另一方面，部下們為了繼承人問題爭論不休，導致亞歷山大的遺體被放在棺材裡長達六天都無人理會。

80

後來呢？

大帝沒料到他會年紀輕輕就駕崩，因此沒有事先決定繼承人。

克麗奧佩脫拉七世*1

托勒密十二世*2

馬其頓失去統治者，頓時陷入權力之爭。

王室的血統就在血腥鬥爭中斷絕了。

廣大的征服地由三名部下瓜分，各自建立王朝。

分別是塞琉古*3、安提柯*4和托勒密。

真愚蠢的故事。

亞歷山大大帝駕崩之際，第歐根尼恰巧也去世了。

亞里斯多德和第歐根尼呢？他們後來怎麼了？

至於亞里斯多德，大帝一直沒有忘記這位老師，因此每征服一塊土地，就會贈送稀有的動物或植物給老師。

哦？

*1 克麗奧佩脫拉七世：古埃及托勒密王朝最後的女王（見95頁）。

*2 托勒密十二世：西元前1世紀的埃及托勒密王朝法老王。克麗奧佩脫拉七世、托勒密十三世的父親。

*3 塞琉古（在位期間西元前312～前281年）：馬其頓的貴族。開創了塞琉古王朝（西元前312～前64年）。

*4 安提柯（在位期間西元前306～前301年）：馬其頓軍人。開創了安提柯王朝（西元前276～前168年）。安提柯死後，孫子安提柯二世在希臘建國。

大帝死後，遭征服的雅典市民遷怒於大帝的老師亞里斯多德，竟以對諸神不敬的罪名告發他。

亞里斯多德不想讓蘇格拉底的悲劇再度發生，因此逃往了國外。

他的人生後來都在哈基斯*1度過。

*1 哈基斯：愛琴海西側尤比亞島上的中心都市。

要是他留在雅典，

一定會和蘇格拉底一樣被殺吧？

世界各地都可以看見大帝帶來的變化。

例如印度受到希臘雕刻風氣的影響，

開始為佛陀雕刻佛像。

*3 繆思園：托勒密一世在埃及亞歷山卓興建的王室研究機構。英文的museum（博物館、美術館）一詞便源自於此。

*2 大燈塔：指豎立在法羅斯島（填海人造島）上的大燈塔。

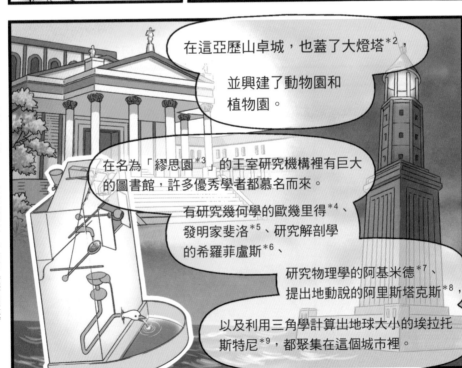

在這亞歷山卓城，也蓋了大燈塔*2，

並興建了動物園和植物園。

在名為「繆思園*3」的王室研究機構裡有巨大的圖書館，許多優秀學者都慕名而來。

有研究幾何學的歐幾里得*4、發明家斐洛*5、研究解剖學的希羅菲盧斯*6、

研究物理學的阿基米德*7、提出地動說的阿里斯塔克斯*8，

以及利用三角學計算出地球大小的埃拉托斯特尼*9，都聚集在這個城市裡。

*6 希羅菲盧斯：活躍於西元前3世紀的醫生、解剖學家。

*5 斐洛：活躍於西元前3世紀的希臘人，擅長機械工學和數學。

*4 歐幾里得：生活在約西元前300年的數學家。著作有《幾何原本》。

*7 阿基米德（約西元前287～前212年）：物理學家。發現槓桿原理與浮力原理，並計算出圓周率。
*8 阿里斯塔克斯（約西元前310～前230年）：天文學家、數學家。提出地球公轉與自轉理論。
*9 埃拉托斯特尼（約西元前275～前194年）：天文學家、地理學家。據說曾擔任繆思園的館長。

亞歷山卓超越了波斯波利斯，成為知識量世界第一的都市。

我們祖先住的馬其頓呢？

馬其頓經過好一段時間的戰亂，最後遭羅馬消滅，成為羅馬的行省。

但野蠻的羅馬人愛上了博大精深的希臘文化，直到今天他們依然拚命仿效希臘的建築和雕刻。

羅馬是我們的朋友還是敵人？

目前是朋友，總有一天會變成敵人。

就像那頭鱷魚一樣。

你能馴服牠？

我一定會做到的。

4　凱撒與羅馬共和政治

以元老院為中心的羅馬共和政治，一直存在著貴族與平民之間的衝突。最後由平民派的凱撒成為獨裁官，統一了羅馬世界！

呃……根據傳說，羅馬在距今700年前（西元前753年），

西元前53年　羅馬

由帶有特洛伊[*1]王室血統的羅穆路斯[*2]（埃涅阿斯[*3]的子孫），在鄰近臺伯河[*4]的巴拉丁諾山丘上建國。

原本只是……

……原本只是小小的部落，但藉由吸收附近部落，組成了一個城邦。

（羅馬的七座山丘）

奎利那雷山丘

維米那勒山丘

臺伯河

卡比托利歐山丘　埃斯奎利諾山丘

巴拉丁諾山丘　西里歐山丘

阿文提諾山丘

屋大維[*5]　10歲

不久之後，

遭北方原住民伊特魯里亞人[*6]征服。

*1 特洛伊：古希臘都市（見第6頁）。
*2 羅穆路斯：傳說中建立了羅馬國的第一任國王。
*3 埃涅阿斯：活躍於特洛伊戰爭中的英雄（見第7頁）。
*4 臺伯河：流經義大利半島中部的河川。

*5 屋大維《西元前63～後14年》：讓羅馬實質上進入帝政的政治家。凱撒（見87頁）的外甥女的兒子，在凱撒死後成為凱撒的養子。原本全名為蓋烏斯‧屋大維‧圖里努斯，成為養子後更名為蓋烏斯‧尤利烏斯‧凱撒‧屋大維。

*6 伊特魯里亞人：統治義大利中部的民族，發展出獨自的都市文化。

84

從這個壺就可以看得出來。

咦？

伊特魯里亞人為羅馬帶來美好的文化。

但魯基烏斯‧尤尼烏斯‧布魯圖斯*7趕走了伊特魯里亞人的國王，

將羅馬改革為一個共和政治的國家。

*7 魯基烏斯‧尤尼烏斯‧布魯圖斯：傳說中羅馬共和政治的創始者（西元前509年）。

*8 貴族：代代傳承的特權階級。

沒……沒錯。

咳咳

由貴族*8組成的議會，稱為元老院*9。在元老院議員之中，還會遴選出兩名執政官*10。

在這樣的制度下，貴族掌握著……

羅馬的實權。

*9 元老院：羅馬共和政治的最高審議機關。一直維持到進入帝政時期。

*10 執政官：羅馬共和政治的最高公職。在政治和軍事上都握有最高權限。每次遴選兩人，任期一年。

但就跟希臘一樣，平民*11在擔任重裝步兵為國家打仗的過程中，逐漸掌握了權勢，因而組成平民大會*12與護民官*13。

護民官負責將平民大會的決定告知元老院。

接著又制定了十二銅表法*14，禁止貴族做出罔顧平民權利的事。

嗚……

*11 平民：指貴族以外的一般人民。

*12 平民大會：羅馬共和政治中，只有平民才能參加的議會。

*13 護民官：設立於西元前494年，負責維護平民權利的官員。

*14 十二銅表法：西元前5世紀中葉，古羅馬將慣例法明文化後創立的第一部成文法典。

<small>小知識</small>

平民的權利越來越高漲，不僅規定執政官之一必須由平民中選出，

而且平民大會的決定也高於元老院的決定……

前者是李奇尼亞·塞克斯提法[1]，後者是霍爾騰西亞法[2]。

*1 李奇尼亞·塞克斯提法：制定於西元前367年的法律，規定握有最高權力的兩名執政官之中，必須有一名是平民出身。

沒……沒錯。

羅馬鞏固了國內政局後，逐一征服周邊的城邦，最後將矛頭指向南方的西西里島。

當時西西里島西邊，由壟斷地中海貿易的海洋貿易型國家迦太基[3]所掌控，

羅馬當然與迦太基發生衝突。

雙方連續三場的戰爭[4]中，迦太基的猛將漢尼拔[5]……

猛將？

那個人只是個大蠢蛋吧？

他為了奇襲，下令一支人數超過五萬人且帶了三十七頭大象的混合傭兵部隊自沙袞托[6]走陸路進攻羅馬。一般來說，那種情況下應該走海路才對。

據說原本三萬八千人的步兵只剩下兩萬人，八千騎的騎兵也只剩下六千騎。但在西元前218年，成功入侵了北義大利。

迦太基的將軍漢尼拔是足以與亞歷山大相提並論的天才將軍。在為了向羅馬發動奇襲的阿爾卑斯山穿越行動中，凍死與滑落山谷的士兵不計其數，

*4 指西元前264～前146年的布匿戰爭。羅馬與迦太基為了爭奪地中海霸權而大打出手。
*5 漢尼拔（西元前247～前183年）：著名的迦太基將軍，發起第二次布匿戰爭。
*6 沙袞托：位於伊比利半島東部，厄波羅河南方的城鎮。

由於帶了大象，行軍速度緩慢，完全失去了奇襲的意義。

最後他的軍隊花了兩個多星期才穿越阿爾卑斯山，在寒冷夜晚受盡煎熬，死了將近一半的士兵。

他能在坎尼會戰[*7]中獲勝，完全是因為羅馬軍的兩名指揮官意見不合的關係。

假如那場會戰由舅公統率羅馬軍，早就生擒漢尼拔了。

舅公？你指的是尤利烏斯‧凱撒[*8]大人？

蘇拉

馬略

布匿戰爭結束後，我國貴族和平民之間的對峙更加劇烈，

平民派的馬略[*9]和貴族派[*10]的蘇拉[*11]之間發生了內戰。

這兩人死後，舅公和在軍中聲勢如日中天的龐培[*12]、大富豪克拉蘇[*13]締結政治同盟，實施三頭政治[*14]，

鎮壓了元老院和貴族派，讓混亂的時代恢復安定。

克拉蘇

龐培

尤利烏斯‧凱撒

*7 坎尼會戰：第二次布匿戰爭中的一場會戰，發生於西元前216年。漢尼拔率領的迦太基軍在越過阿爾卑斯山後，在義大利半島南方的坎尼與羅馬軍交戰，最後由迦太基軍大獲全勝。

*8 尤利烏斯‧凱撒（西元前100～前44年）：羅馬共和政治末期的政治家兼軍人，曾推動軍事改革。

*9 馬略（約西元前157～前86年）：羅馬共和政治末期的政治家、軍人。

*10 貴族派：指以代代擔任元老院議員的貴族為核心勢力的保守派。

*11 蘇拉（約西元前138～前78年）：羅馬共和政治時期的政治家，貴族派的代表性人物。

*13 克拉蘇（西元前115～前53年）：羅馬的政治家、軍人。憑藉財力活躍於政壇。

*14 三頭政治：史稱「前三頭同盟」（西元前60～前53年）。

但這場短暫的和平也即將結束了。

什麼？

聽說克拉蘇在安息帝國*² 戰死了。

這傢伙的實力比不上舅公和龐培，卻急著尋求表現，終於害死自己。

沒錯，而且多虧凱撒大人遠征高盧*¹，為羅馬帶來更多的財富和領土。

三頭政治少了一頭，剩下的兩頭肯定會互不相讓。

安息帝國

如此一來，元老院當然也會開始蠢蠢欲動。

戰亂的時代已近在眼前了。

西元前49年1月 盧比孔河*³

這孩子……

真是太可怕了。

喀

*2 安息帝國（約西元前248〜後224年）：統治伊朗、美索不達米亞地區的帝國，又稱帕提亞帝國。
*3 盧比孔河：義大利中部的河川，曾是義大利和高盧之間的分界線。

小知識

由龐培、凱撒、克拉蘇三人組成的前三頭同盟，因克拉蘇的戰死而瓦解。元老院暗中與龐培聯手，想將凱撒流放。當時凱撒正因遠征不在羅馬，但是義大利的各城市皆支持凱撒，因此凱撒不花一兵一卒便順利回到了羅馬。

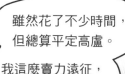

雖然花了不少時間，但總算平定高盧。

我這麼賣力遠征，卻得到這種對待。

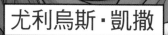
尤利烏斯·凱撒

安東尼*4

*4 安東尼（西元前83～前30年）：羅馬的政治家兼軍人，相當受到凱撒信賴。和屋大維、雷必達一起組成了後三頭同盟。

元老院要你「放下軍隊隻身回羅馬」，但是你如果這麼做，元老院馬上會把你抓起來，給你扣上叛國的帽子。

我凱撒是平民眼中的英雄，元老院早把我當成了眼中釘。

我越是努力讓羅馬變得富庶繁榮，那些傢伙就越忌妒、憎恨我。

這都是早已預料到的事吧？對手可是笑裡藏刀的元老院，你一旦反抗，龐培和元老院就會趁機聯手對付你。

我和那個人註定要在戰場上分出勝負。

你說龐培嗎？那傢伙可是一生中從未打過敗仗的名將！

輸多少次都沒關係，只要能打贏關鍵性的一戰就行了。

其他交戰就當作訓練士兵吧！

現在？

你如果率大軍渡河，
馬上會被視為背叛羅馬。

盧比孔河是行省*1和羅
馬之間的界線，渡了河
就是羅馬本土了。

我已經沒有退路了！

骰子已經扔出去了！*2

凱撒大膽而迅速的行動，讓
龐培和大部分元老院議員嚇
了一跳。敵人不希望讓羅馬
陷入火海，決定遠離羅馬，
避開了凱撒的鋒頭。

＊1 行省：指義大利半島以外，羅馬所征服並派遣總督與軍隊加以統治的領土。
＊2 這句話是凱撒的名言，意思是「已經無法回頭」。

喀

90

凱撒軍與元老院軍交戰數次，終於在希臘北方的法薩盧斯[3]進入決戰。

盧比孔河

羅馬

法薩盧斯

立刻展開攻擊！

我們的兵力可是凱撒的兩倍！

騎兵更有七倍之多！

只要繼續包圍，一、兩個月之後凱撒軍就會餓得投降，為什麼要勉強進攻？

……

太天真了！

你應該憑實力打敗他，讓元老院見識你的能耐！

西塞羅[4]

布魯圖斯[5]

[3] 法薩盧斯：位於希臘北部的都市。

[4] 西塞羅（西元前106~前43年）：羅馬政治家。亦是著名的哲學家、作家。

[5] 布魯圖斯（西元前85~前42年）：羅馬政治家。參與了謀殺凱撒的行動。

最後凱撒獲得勝利女神的青睞。雖然龐培的軍隊也很優秀，但凱撒擁有一群崇拜自己且不怕死的士兵。

人生唯一的一次敗北。

大部分元老院議員和龐培只好從戰場上倉皇而逃。

91

凱撒在投降的元老院軍隊中發現了這個男人。

馬爾庫斯・尤尼烏斯・布魯圖斯——

凱撒往日相當器重的人。

布魯圖斯！幸好你平安無事！

你竟敢與我們作對。

別這樣！他只是信念與我們不同而已。

而且現在我們有更重要的事要做。

也對。

據說龐培往埃及方向逃了。

追！

*1 托勒密十二世：（見81頁）。此處「遭女兒篡位」中所指的女兒不是克麗奧佩脫拉七世，而是另一個女兒貝勒尼基四世。

此時的龐培……

從前托勒密十二世*1遭女兒篡位，是我幫他將王位奪回來的。

埃及一定會站在我這邊！我要在埃及重新招兵，發動反擊。

老公……

此時的埃及是由托勒密十三世和克麗奧佩脫拉七世共同統治。

龐培滿心認為托勒密十三世一定不會忘了自己對他父親的恩惠。

西元前48年9月

但托勒密十三世竟然恩將仇報，派人將龐培暗殺了。

10月
凱撒抵達埃及

埃及的局勢似乎有點混亂。

埃及人本來就瞧不起羅馬，認為我們是野蠻國家。

共同統治的托勒密十三世和他姊姊克麗奧佩脫拉七世感情不睦，兩人經常起爭執。

龐培會和姊姊還是弟弟聯手？

亞歷山卓王宮

我就是偉大的法老王托勒密十三世。

托勒密十三世*2

龐培一生共有五任妻子，其中第四任妻子為凱撒的女兒茱莉亞。這雖然是政策婚姻，但據說龐培深愛著茱莉亞。後來茱莉亞難產而死，孩子也在數天後死亡，此事造成凱撒和龐培之間出現嫌隙。跟著龐培逃往埃及的妻子，則是第五任妻子科妮莉亞。

*2 托勒密十三世（在位期間西元前51～前47年）：埃及托勒密王朝的法老王，克麗奧佩脫拉七世的弟弟。

亞歷山卓*1

埃及將成為羅馬的糧倉。

但統治者如此愚蠢，政局恐怕也不安定。

打擾了。

埃及王國的共同統治者克麗奧佩脫拉七世，送這份禮物來給您。

喔？

不知道你是否中意這份禮物？

克麗奧佩脫拉七世*2

女王親自來了？

亞歷山卓受我弟弟掌控，我只能以這種方式溜進來。

*1 亞歷山卓：亞歷山大大帝（亞歷山大三世）（見67頁）在埃及建立的都市，後來成為托勒密王朝的首都。
*2 克麗奧佩脫拉七世（西元前69～前30年，在位期間西元前51～前30年）：埃及托勒密王朝（之希臘勢力的王朝）最後一任女王。據說是一位絕色美女，因此有「埃及豔后」的稱呼。

95

求求你幫助我，我想奪回這個國家的控制權。

看來你比你弟弟更擅長談判。

凱撒於是居中當起和事佬，幫助姊弟兩人化解嫌隙。

但凱撒的仲裁，托勒密十三世並非真的心服口服。

後來他身旁一些失勢的既得利益者決定發動叛亂。

在這場戰禍中，偉大的亞歷山卓圖書館也陷入一片火海。

托勒密十三世不慎自船上墜河，卻因身穿黃金鎧甲而溺死。

因此埃及政權完全落入克麗奧佩脫拉七世的手中。

西元前46年 夏天
羅馬

舅公！
好久不見！

屋大維　16歲

一般常聽到的「埃及豔后」，指的就是克麗奧佩脫拉七世。據說她是絕世美女，在十八歲時便與十歲的弟弟結婚，成為埃及的共同統治者。但不久後，她在大臣的陰謀下遭流放至國外，弟弟年僅十三歲便即位為托勒密十三世。

我聽說龐培的事了。

真是場悲劇。

不過他的殘黨如今還在頑強抵抗，所以我這次也沒辦法在羅馬久留。

我來找你，是希望你能在我離開羅馬時，幫我照顧這位女士。

難道是？

沒錯。

女王陛下，我叫屋大維。

克麗奧佩脫拉七世陛下。

西元前78年，凱撒在返回羅馬的途中遭海盜綁架。在遭俘虜期間，他不但抱怨海盜要求的贖金太少，還朗讀自己寫的詩詞，甚至還與海盜們玩起摔角，完全不像俘虜。後來海盜們拿到贖金後將凱撒釋放，凱撒立即召集軍艦將這些與他已有一些交情的海盜逮捕並處死。

*1 圖里努斯：屋大維的小名。

*2 西班牙：伊比利半島中部地區的名稱。

*3 阿格里帕（約西元前63～前12年）：羅馬的軍人、政治家。興建了包含萬神殿在內的諸多土木建築。

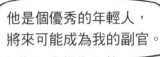

他是個優秀的年輕人，將來可能成為我的副官。

圖里努斯，我想你和他應該能當好朋友。

整天把圖里努斯關在家裡也不好。

阿格里帕，常拉圖里努斯出去走走。

是！遵命！

你這麼不贊成圖里努斯從軍，交個軍人朋友應該不要緊吧？

走吧，阿格里帕！

我們到外頭散散心！

可是……

你的身體太虛弱了！千萬不能隨便亂跑！

只是出去繞繞而已。

圖里努斯！你為什麼不聽媽媽的話？

這麼做好嗎？

不用理她……反正不管我做什麼，媽媽都有意見。

我想去個地方，

希望你能帶路。

您說想去的地方，就是這裡嗎？

是啊，早就想來見識見識了。

這裡不過是間郊外的小酒館。

給我你們店裡賣得最好的東西。

原來如此！大麥粥和豬肉燉高麗菜……調味是發酵魚醬*1。

*1 發酵魚醬：一種將魚肉發酵製成的液態調味料。

這個……不是葡萄酒？

那是啤酒*2，高盧人和埃及人喝的飲料。

以您的尊貴身分，應該喝不習慣吧。

在戰場上必須和士兵吃一樣的東西。

得趁早習慣這個味道才行……

而且比媽媽給我吃的東西美味多了。

令堂都給您吃什麼？

媽媽擔心我的身體，老是給我吃一些稀奇古怪的健康食物。

*2 啤酒：據說啤酒源自埃及，剛開始的喝法是摻水後飲用。

101

例如豬的○○……

……對您的處境，我深表遺憾。

阿格里帕，當我是朋友，說話就別這麼拘謹。

我從來不覺得自己的身分特別尊貴。

好，我會努力。

我和尤利烏斯舅公是不一樣的。

某元老院議員的宅邸

凱撒深受人民愛戴。

但是他與我們作對，是因為我們貴族長久以來欺壓平民……

但他卻想利用民眾的力量，推動獨裁政治。

羅馬的共和體制遲早會在他的手中瓦解。

卡西烏斯*1

我們是民眾的代表！我們就是民眾！

凱撒在西元前45年凱旋回到羅馬，在前44年就任終身獨裁官。他將自己許多部下指定為官員，引來元老院的反感，認為他有顛覆羅馬共和政治的企圖。

參與謀殺行動的布魯圖斯雖是共和主義者，但平日相當受到凱撒的器重，甚至有人說他其實是凱撒的兒子。

102

*1 卡西烏斯（西元前83？～前42年）：羅馬政治家。參與謀殺凱撒的主要人物之一。

凱撒是否如元老院議員們所說，抱持著成為獨裁者的野心？

抑或，他的一切所作所為只是為了替平民謀取福利？

這問題找不到答案了。一位名留青史的偉人，就此退下人生舞臺。

此時的屋大維正在希臘求學。

哇啊！

你沒事吧？

嗯。

凱撒大人被暗殺了。

我就知道。

你早猜到他會被暗殺？

怎麼可能，

我只是明白如果舅公遭遇不測，我也會有性命之憂。

……克麗奧佩脫拉女王呢？

如果我猜得沒錯，舅公的大部分軍隊應該都由副官安東尼接收了。

已經離開羅馬，回亞歷山卓去了。

總之你得快找個地方躲起來！

不，我想盡快回到羅馬。

沒有軍隊護送，要怎麼回羅馬？

這種時候人少反而好行動，不會引起注意。你幫我召集軍隊，準備對抗元老院。

要召集軍隊，得有足夠的資金。

對了！凱撒大人應該留下不少遺產給你吧？

多半都被安東尼搶走了。那傢伙從很久以前就覬覦著舅公的財產。

安東尼不打算和元老院起正面衝突，甚至對殺死凱撒的那些人也賜予大赦*。

他只想趁這個機會完全掌握軍隊，成為第二個凱撒。

是啊，所以擁有凱撒血統的我，成為他的絆腳石。

或許派出這名刺客的幕後黑手不是元老院，而是安東尼。

利用你舅公的名氣吸引軍隊投靠？

你的反應挺快。

凱撒這名字太響亮了，士兵們一定會紛紛效忠，就算我只是個……

從今天起，我將改名為蓋烏斯·尤利烏斯·凱撒·屋大維。

體弱多病的臭小子？

沒錯，就算我只是個體弱多病的臭小子。

那個臭小子！

竟然敢自稱蓋烏斯·尤利烏斯·凱撒·屋大維！

羅馬
安東尼的宅邸

凱撒似乎留下遺言，指名他為繼承人。

參與謀殺凱撒的元老院議員擔心遭到人民報復，都逃離羅馬了……此時我們最好和屋大維攜手合作。

好吧，我就和他合作，殺掉殺死凱撒的那些人。

但這件事一結束，我要殺掉這個癆病小子。

和安東尼
聯手？

我打算把雷必達*1
也拉進來，暫時仿效
當年舅公的做法，
實施三頭政治*2。

如今我們資金不夠，
不能和安東尼硬碰硬。

士兵們為我們打仗是基於
忠誠心，不是為了錢。

忠誠心是相當不可靠
的東西。

昨天的凱撒信徒，今天會成為
布魯圖斯的崇拜者，到明天又會
變成安東尼手中的殺人之劍。

這一點，你應該比任
何人都看得更清楚！

朋友啊，只要沉住氣，我們一定能
抓到機會。像安東尼那種狂妄自大
的男人，總有一天會露出破綻的。

支持共和派？

但殺死凱撒
里昂王子父親的
人正是……

屋大維是凱撒
的養子，
安東尼是凱撒的
優秀副官。

*1 雷必達（?～約西元前13年）：羅馬的政治家、軍人。和安東尼（見89頁）一樣，相當受到凱撒信賴。

*2 三頭政治：相較於凱撒的前三頭同盟（見87頁），屋大維建立的同盟被稱為後三頭同盟（西元前43年）。

＊
2
腓立比：古代馬其頓內的都市。

＊
1
馬其頓：古希臘時代位於希臘北方的國家。腓力二世在世時，馬其頓曾征服除斯巴達之外的所有城邦，成為科林斯同盟的盟主。但在當時這個時代，馬其頓成為受羅馬支配的行省。

他們遲早都會和凱撒里昂爭奪羅馬統治者的寶座。

雖然這是很大的賭注，但目前還有機會先把他們解決掉。

屋大維是一個挺迷人的年輕人，

但我無論如何要讓凱撒里昂成為羅馬和埃及……

不，整個世界的法老王。

西元前42年10月3日，共和軍和三頭同盟軍在馬其頓 *1 東方的腓立比 *2 正面交鋒。

布魯圖斯是很會帶兵的人，由我們的軍隊來對付不是比較有勝算嗎？

你根本沒搞清楚真正的敵人是誰。

咦？

如今這個戰場上，對我們來說最棘手的敵人是屋大維。

在我們解決卡西烏斯時，就讓布魯圖斯先殺掉屋大維，我們再從背後攻擊元氣大傷的布魯圖斯軍。

如此一來，我就是為凱撒報仇的英雄，

人民一定會對我大聲歡呼！

屋大維在哪裡？

我們奪到軍旗了！

小知識

布魯圖斯軍攻入屋大維的軍陣中，此時指揮軍隊的是阿格里帕。

因為屋大維得了瘧疾，正躺在後方陣營裡的病床上。

我們似乎被壓著打？不愧是布魯圖斯。

軍旗不過是根普通的旗子，他要就送他吧。

我們的目的是拉開布魯圖斯軍和卡西烏斯軍的距離。

這不是你教我的戰術嗎？

咳咳

咳咳

確實如此。

全看你的了，老朋友。

布魯圖斯只顧著追趕屋大維軍，與友軍的卡西烏斯斷了聯繫。

什麼？布魯圖斯戰死了？

凱撒遭暗殺後的西元前43年，羅馬的政局形成了「後三頭同盟」。屋大維統治西班牙和高盧；雷必達統治非洲；安東尼統治敘利亞和埃及。安東尼原本打算繼承凱撒的地位，因此對這種三方割據的狀況相當不滿。尤其是擁有凱撒養子和繼承人身分的屋大維，更被安東尼視為眼中釘。

109

難道要我孤軍對抗安東尼？

這場戰爭輸定了。

布魯圖斯軍從戰場上消失了！恐怕是因為失去指揮官，士兵們都逃離戰場了！

卡西烏斯以為布魯圖斯已經戰死，決定自我了斷。沒有求證就自殺，實在是過於魯莽的行為。

接著三星期後，

布魯圖斯同樣也以自殺方式結束了一生。凱撒復仇戰到此告一段落。

病懨懨的小子，聽說阿格里帕代替你指揮軍隊？

阿格里帕是優秀的軍人，

或許比你更優秀。

那就證明給我看。

你放心，

一定。

高盧

羅馬

西班牙

敘利亞

迦太基

亞歷山卓
（西元前44年左右的羅馬疆域）

新的三頭同盟成立後，三人有不同的統治區。安東尼得到支持共和派的行省中的近東諸國。

比起羅馬本國，他更重視這些能夠提供糧食的國家。

埃及・亞歷山卓

安東尼為了在和屋大維斯破臉之前鞏固自己在近東的地位，因而拜訪了克麗奧佩脫拉七世。

凱撒大人過世後，我以為人生的心願無法達成了。

克麗奧佩脫拉七世先讓安東尼苦等許久，接著搭乘富麗堂皇的船艦出現在安東尼面前，並設下了奢侈豪華的宴會。

111

藉美貌和話術，克麗奧佩脫拉七世點燃了安東尼心中的野心之火。

安東尼當時早有妻子，卻和克麗奧佩脫拉七世發生了親密關係。

為了證明自己的愛，安東尼甚至將羅馬行省中的敘利亞*1和賽普勒斯*2送給克麗奧佩脫拉七世。

敘利亞

賽普勒斯

西元前31年，羅馬元老院議會——屋大維等待多年的機會終於來臨。

羅馬人民啊！

此時雷必達早已垮臺*3，三頭同盟有名無實，屋大維拉攏元老院可說是輕而易舉的事。

安東尼原本是優秀的軍人，是我們的好朋友，但如今遭埃及的魔女迷惑心靈，竟背叛了祖國！

如果繼續置之不理，羅馬總有一天會成為埃及的領土！

這幾年好不容易恢復和平，難道又要發動內戰？

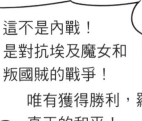
這不是內戰！
是對抗埃及魔女和
叛國賊的戰爭！

唯有獲得勝利，羅馬才能得到
真正的和平！

讓我們團結
一心，

打倒可怕的敵人吧！

我們願意和年輕
的凱撒一同奮戰！

沒錯！
這都是為了羅馬的和平！

真高明的一場演講，
完全拉攏了元老院議員
們的心。

從前殺死舅公的一群牆頭草，
如今卻和我們站在同一陣營。
舅公地下有知，不知道
會有什麼感想？

你這張嘴真是不
饒人，這種時候應該
說些開心話，不是嗎？

阿格里帕。

怎麼了？
這麼嚴肅？

千萬不要當一個被演講
蒙蔽心靈的人。

別任情緒隨煽動
的話語起伏不定。

別沉醉於美麗的辭藻。

演講殺的人……

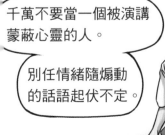

113

安東尼和克麗奧佩拉所率領的埃及聯合軍擁有強大的陸軍；但克麗奧佩拉希望在海上進行決戰。安東尼為了配合她的要求而發動亞克興海戰，結果卻以敗北收場。隔年埃及的亞歷山卓淪陷，終結了長達約270年的埃及托勒密王朝。

比你這把劍還多。

希臘・亞克興*1

亞克興

屋大維和安東尼為了爭奪羅馬的控制權，

終於在希臘的亞克興外海一決雌雄。

阿格里帕巧妙地移動艦隊，將安東尼的艦隊誘入海灣中。海岸線早已被屋大維軍占領，安東尼的艦隊無法補給飲水和食物。

該死的阿格里帕，氣死我了！

阿格里帕的艦隊擋住海灣出口，使安東尼的艦隊完全動彈不得。

雙方在幾乎沒有交戰的情況下過了數個月，安東尼的士兵早已又餓又渴。

*1 亞克興：位在希臘半島與希臘半島之間的希臘都市，鄰近愛奧尼亞海。這場發生在西元前3年的戰爭，被稱為「亞克興海戰」。

阿格里帕的艦隊往後退，打開了海灣出口，安東尼的艦隊立即衝向出口。

是時候了。

安東尼軍企圖突破圍堵，但等在一旁的羅馬海軍旋即包圍上來。安東尼和克麗奧佩拉順利逃走，但艦隊有三分之二不是遭到擊沉就是投降。

埃及‧亞歷山卓

安東尼等人只好撤退到亞歷山卓。

告訴那個臭小子！

我馬克‧安東尼是以羅馬將軍的身分死去，不是叛國賊！

結束了。

舅公失去龐培時，大概也是這種心情吧。

真是可悲的人，

安東尼。

我早猜到你差不多該來了。

你把我帶回羅馬，讓我在民眾面前出醜，就是為了把我殺死，對吧？

就像當年對待高盧的維欽托利*一樣。

這是我們的傳統。

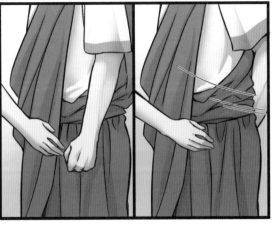

＊維欽托利：高盧的部落族長。凱撒遠征高盧（西元前58～前51年）時，曾率領高盧人反抗。

117

奧古斯都（屋大維）在西元前27年建立了元首制度。簡單來說，就是徒具共和制度的外形，卻由皇帝獨攬大權的君主制度。在接下來大約兩百年期間，羅馬政局穩定，領土不斷擴張，貿易往來頻繁，商業和文化都更上一層樓。

舅公和安東尼都以為自己能夠隨心所欲掌控羅馬，但我不同。

我只是個無法違背羅馬人民意志的平凡人民。

為了羅馬，我不能屈服於你的魅力下。

就像為了埃及，我不能屈服於你一樣？

或許我們原本有機會成為知己。

可惜我們各自肩負著自己的國家使命。

凱撒里昂想必也活不了吧？

若讓凱撒里昂活著，將來有可能引發戰亂，這是羅馬人不願見到的事。但我可以饒了其他孩子。

請將我與安東尼葬在一起。

以埃及女王的身分，而不是羅馬的俘虜。

謝謝你，羅馬的……
不，世界的法老王。

……

*1 凱旋將軍（Imperator）：西元前45年，凱撒打了勝仗回到羅馬舉行凱旋式時使用的稱號。後來這個詞成為「皇帝」的意思。

*2 第一公民：原意為「公民中的第一人」，但屋大維用在自己身上，意思等同於元首，也就是皇帝。

*3 奧古斯都：原意為「最尊貴、神聖的人」。象徵羅馬帝國皇帝的最高稱號。

克麗奧佩脫拉以讓毒蛇咬噬身體的方式
自殺了。她和凱撒一樣，成為傳奇人物。

（約西元96年時的羅馬帝國疆域）

羅馬漫長的內戰到此終於畫上句點。

屋大維成為全羅馬唯一的「凱旋將
軍」*1。他並不自稱君王，而是以
「第一公民」*2 自居。

元老院還贈予了他「奧古斯都」*3
（至尊之意）這個稱號。

羅馬成為一個實質上由皇帝統治的國家，以整個地中海
周邊區域為疆土，人民皆沉醉在其榮耀之中。

這就是「羅馬治世」的開端。

5　羅馬帝國與基督教

羅馬

羅馬帝國皇帝奧古斯都[*1]駕崩時並沒有留下子嗣，繼承帝位的是妻子和前夫生的孩子提貝里烏斯[*2]。

羅馬帝國第二代皇帝
提貝里烏斯

提貝里烏斯並沒有受到平民和元老院的狂熱支持，留下的功績也遠遠比不上前一代皇帝奧古斯都。

但是在他的時代，在巴勒斯坦地區的某個角落，有個宗教正在悄悄誕生。

伯利恆[*3]

[*1] 奧古斯都《在位期間西元前27～後14年》：指屋大維。這是元老院在西元前27年贈予他的稱號。

[*2] 提貝里烏斯《西元前42～後37年，在位期間西元後14～37年》：羅馬帝國的第二代皇帝。

[*3] 伯利恆：地中海東岸地區的名稱。位在流經巴勒斯坦的約旦河西岸。

120

生出來了。

我做了個夢，
這孩子是……

馬利亞*4

約瑟*5

喔喔……

大衛王*6和所羅門王*7的榮耀時代早已
結束，猶太人變成沒有國家的人民。

猶太人居住的地區由
羅馬所統治。

所有猶太人都期待著解救猶太人
免於遭受羅馬欺壓的君王。

預言中的孩子。

哇
啊
啊

也就是救世主。

猶太王希律的主宮

聽說猶太的君王誕生了，
是真的嗎？

後來？

您指的是？

希律王*8

*4 馬利亞：耶穌基督的母親。 *5 約瑟：馬利亞的丈夫。 *6 大衛王（在位期間約西元前1000～前960年）：希伯來王國第二代國王。
根據《聖經》記載，他原本是以牧羊維生。 *7 所羅門王（在位期間約西元前960～前922年）：希伯來王國第三代國王，
大衛的兒子。王國的國力在此時期達到顛峰，創造了「所羅門的繁榮景象」。

*8 希律王（在位期間約西元前37～前4年）：古代猶太王國（羅馬帝國猶太行省）的國王。其國王職位是由
羅馬帝國所指派。

聽說在伯利恆出生了。

我就是猶太王，他自稱猶太王，等於造反。

這個猶太王應該是個剛出生的嬰兒吧？

小知識

希律在羅馬的後三頭政治（見107頁）時期受安東尼庇護，在西元前37年建立猶太王國。希律死後，猶太王國成為羅馬的直轄地。

為了反抗羅馬的暴政、重稅和宗教打壓，各地猶太人紛紛起義。

把那一帶兩歲以下的男嬰全殺了。

這麼殘酷的事！

你不照辦，我連你也殺了。

是，立刻去辦！

士兵們將嬰孩從哭喊、尖叫的母親手中奪走，並殘忍的加以殺害。

但救世主的傳聞並沒有因此消失，反而有人說《耶利米書》*¹的預言成真了。

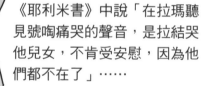

《耶利米書》中說「在拉瑪聽見號咷痛哭的聲音，是拉結哭他兒女，不肯受安慰，因為他們都不在了」……

不就是指這件事嗎？

遭殺害的嬰兒中，並沒有馬利亞的孩子。
因為此時馬利亞和約瑟移居到埃及，逃過一劫。

希律王死後，馬利亞和約瑟便離開埃及，
搬到猶太的加利利地區*2。

兩人定居在一座名為拿撒勒*3的村子裡。

多年之後……

約旦河畔

快悔改吧！
審判之日近了！

這個高聲疾呼的男人名為約翰*4。他不斷要求
世人懺悔自己的罪業，並施以洗禮。

神正在憤怒！對所有不肯
悔改的人感到憤怒！

快把你們的食物和衣物
分給貧窮的人！

請問你是
救世主嗎？

約翰

大家都相信約翰就是預言中所說的救世主，
但約翰自己並不這麼認為。

像我這樣的人，
給救世主提鞋也不配。

救世主可是……

請你也為我施洗。

*2 加利利地區：位於巴勒斯坦北部的地區。

*3 拿撒勒：從前是加利利地區南邊的村落，如今是以色列北部的都市。耶穌從小到大幾乎都在這裡度過。

*4 約翰：西元1世紀前期的猶太先知。曾為耶穌施洗，因此有施洗者約翰的稱呼。

耶穌在父親約瑟的故鄉拿撒勒村長大後，繼承父業成為一名木匠。除了在拿撒勒村教堂裡接受猶太教祈禱和聖歌的耳濡目染之外，並學習閱讀與書寫。他聽到關於先知約翰的傳聞，為了見約翰而前往約旦河畔。見過約翰後，他在天約西元28年開始傳道，其教義在窮人之間廣泛流傳。

接受洗禮後，耶穌走向荒野，
進入絕食狀態。

你在做什麼？

我在努力思考。

盡過去世人不能做
到的最大努力。

這還不簡單？
問你的神不就得了？

世人罪孽深重，

怎麼做才能讓世人
得救？

我正在詢問。
思考就是向神詢問。

125

何必把自己搞得這麼辛苦？

你不過是木匠的兒子，
卻在這裡挨餓受凍，
難道你把自己當成先知？

你不過是陶醉在自己
的世界裡而已。

夠了吧，別硬撐了。

……

肚子是不是餓了？

怎麼不求神將這顆石頭
變成麵包？

人並不是只靠麵包
就能活。

好大的口氣啊。

既然你這麼
厲害……

126

127

耶穌離開荒野，前往加利利海[1]。

天國已經近了！

各位請聽我一言。

過去大家都說要愛你的鄰居，恨你的敵人。

但我是這麼想的——

義行應該在別人沒看到的時候做。

如此一來，就會進入神的眼中。

我們應該愛敵人，並為陷害我們的人祈禱。

因為對愛自己的人付出愛，是很簡單的事情。

祈禱也是一樣。

不應該故意表現在他人的面前。

唯有愛不能愛的人……才是真正的善行。

[1] 加利利海：位於現今以色列北部。雖然習慣上稱之為海，但其實是個湖泊。據說耶穌在湖畔和周邊村落施展了許多神蹟。

*2 律法：指猶太教聲稱神所賜下的宗教戒律和規範。

許多人願意聆聽耶穌的話語，並加以遵循。就算是身染重病的人，只要接受耶穌的祝福就能痊癒。

要抱持信心。

耶穌的一句話，有時甚至能讓已經去世的人死而復生。

但有些人並不樂見耶穌的這些行為。

那就是將律法*2看得極重的法利賽人*3。

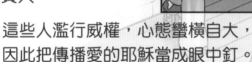

這些人濫行威權，心態蠻橫自大，因此把傳播愛的耶穌當成眼中釘。

這些人一逮到機會，就想以言詞駁倒耶穌。

唔……

不如這樣想吧？在安息日做義行和幹壞事，

哈哈　哈哈

哪一邊比較好？

唔

你違反律法，在安息日*4治癒病人，這也算是義行嗎？

靠近

據說耶穌施展過許多神蹟，例如把水變成葡萄酒，或讓去世者死而復生。這讓許多人都相信耶穌就是彌賽亞（救世主）。耶穌主張信仰之心比律法更重要，因此引來重視規範的法利賽人大加撻伐，認為耶穌褻瀆了神。

*4 安息日：不得工作，只能進行禮拜的日子。在猶太教中，指的是神創造天地後休息的星期六。

耶穌巡迴各地，願意追隨他的人越來越多。在這眾多弟子中，耶穌挑出十二人，稱為十二使徒[*1]。

*1 使徒：指耶穌自眾弟子中選出來宣揚教義的人。

*2 奮銳黨：又名激進黨。羅馬帝國時代的激進猶太民族主義集團。

曾是漁夫的彼得、安德烈兄弟。

西庇太的兒子雅各、約翰兄弟。

腓力、巴多羅買、多馬、稅吏馬太。

亞勒腓的兒子雅各、達太、奮銳黨[*2]的西門。

以及——

加略人猶大。

有一天，一個迦南婦人來到耶穌面前。迦南人[*3]並非猶太人。

老師，請把這女人趕出去吧。

求您大發慈悲！我女兒被惡魔附身，受盡了折磨！

在猶太人眼裡，迦南人是落後的異教徒。

您的神蹟應該只用在猶太人身上。

*3 迦南人：生活在地中海東岸，因貿易而繁榮的民族。

餅應該給自己的兒女吃，不應該拿去餵狗。

您說得沒錯，但是……

就算是狗，也吃得到主人桌邊落下的餅屑！

……你說得太好了。

……就照你的意思吧。

轉身

媽媽。

吱

這段「迦南婦人的信仰」故事相當有名。耶穌口中說的「兒女」指的是猶太人，「餅」指的是神的祝福，「狗」則指的是異教徒（此處指迦南人）。當時歧視異教徒是相當普遍的觀念，但婦人的堅定信仰最終打動了耶穌。

131

這個神蹟的意義在於證明神的面前人人平等。然而耶穌的這個決定，卻不符合猶太人心中的救世主形象。

太好了！

因為猶太人追求的是，讓猶太人統治全世界的救世主。

耶路撒冷聖殿

耶穌那傢伙！竟然無視律法，公然侮辱我們，還救了異教徒！

不僅如此，聽說他驅趕了在耶路撒冷聖殿販賣祭品的商人，

還把祈禱的聖殿說成賊窩！

原來如此，說得真有道理。

呵呵呵

瞪

真、真是太可惡了。

咳咳

耶穌根本不是救世主！他是我們的敵人！

132

*1 伯大尼：《新約聖經》中提及的村落，位於耶路撒冷附近。客西馬尼是一座果園，在橄欖山西邊山腳下。　*3 逾越節：猶太教的三大祭典之一，紀念祖先逃出埃及的歷史。於每年春分之後舉行。　*2 橄欖山（客西馬尼）：位於耶路撒冷東方郊外的山丘。

咚

喀 喀 喀

？ ？

瀝出

啪

根據《聖經》記載，在吃這頓晚餐時，耶穌突然說出「你們之中有一人將出賣我，我會把一塊餅拿給那個人」，接著就將餅遞給了猶大。

小知識

不、不會吧。

猶大要背叛主？

他是認真又精明的男人。

135

猶大為何出賣耶穌，一直未有定論。

但猶大確實帶了一群士兵到客西馬尼，將耶穌包圍。

＊總督彼拉多（在任期間西元26～36年）：為羅馬帝國派遣至猶太行省（見90頁）的總督。

你就是猶太人的君王？

總督彼拉多＊

你回答得真是老實啊。你打算率眾反抗羅馬政權？

對。

我的國度不在這世間，當然也不受羅馬統治。

彼拉多不明白當時受欺壓的猶太人對救世主抱持著多大的期待。

然而耶穌並不是帶頭率領猶太人反抗羅馬、追求獨立的君王。

猶太人心中對耶穌的失望逐漸轉為憤怒。若不殺死耶穌，無法平息他們心中的怒火。

小知識

《聖經》中記載猶大對士兵們暗示「我親吻的那個人就是耶穌」，接著便親吻耶穌。（耶穌並不是自己害死的）。此外，總督彼拉多洗手的動作是猶太人的習慣，象徵自己的手上並不沾血。

耶穌就這樣遭判處死刑。

各各他山丘*

當你回到你
的國度，
請別忘了我。

今天你將和我
進入樂園。

小知識

耶穌於大約西元30年遭處刑，但弟子們都相信他在三天後復活了。法利賽的猶太教信徒保羅原本打壓、迫害著耶穌的信徒，卻因來自天上的耶穌聲音而悔改，轉而成為耶穌信徒。他後來在傳教上不遺餘力，因而被後世認定為耶穌的使徒之一。

Eli…
（神啊……）

Eli…Lema…Sabachthani…
（我的神啊……為什麼離棄我……）

天父啊，
我將靈魂交到你手中。

*1 卡利古拉（在位期間西元37～41年）：第三代羅馬皇帝。剛開始原本是施行德政的皇帝，後來因罹患精神病而變成暴君。又名蓋烏斯皇帝。　*2 執政官：羅馬共和體制中的最高官職（見85頁）。　*3 尼祿（在位期間西元54～68年）：第五代羅馬皇帝。自從羅馬發生大火後，開始迫害基督教徒。

就在這個時候，以三十枚銀幣出賣耶穌的加略人猶大自殺身亡。

據說耶穌在三天後復活，和眾弟子們一同生活了四十天，才又回到天上。

耶穌去世後，使徒與弟子們分散各地，

宣揚耶穌所留下的教義。

不久後，卡利古拉*1即位為羅馬皇帝。

卡利古拉是個行為失常的暴君，殺害了許多看不順眼的人，

甚至還打算將自己的馬任命為執政官*2。

然而，卡利古拉惡名昭彰的程度，卻遠遠比不上兩代之後的尼祿*3皇帝。

事實上，尼祿原本並不是一個壞皇帝。

第三代皇帝
卡利古拉

第五代皇帝
尼祿

羅馬帝國第五代皇帝尼祿，在西元54年剛即位時不僅聽從哲學家塞內卡等人的建議，且在政治上投注很多心力。但他逐漸變得殘暴，殺害母親和妻子，還將元老院議員處刑。就連羅馬市內的一場大火，市民之間也謠傳是尼祿皇帝刻意縱火，為的只是將街景改成自己喜歡的模樣。

尼祿在十六歲即位為皇帝時，是個熱愛藝術的人。

可惜他本身沒有什麼藝術天分。

他為了歌舞和戲劇花錢如流水，民眾原本很支持他，但他完全不理會發生在各行省的造反和叛亂，元老院*4和羅馬軍隊逐漸對他產生不滿。

西元64年，羅馬發生一場嚴重的火災，尼祿皇帝立即著手復興遭焚毀的區域。

但不久之後，民眾開始流傳「那場大火的縱火者正是尼祿皇帝」的謠言。

為了消除謠言，尼祿皇帝將縱火的罪責推給基督教徒，將基督教徒逮捕並處死。

使徒彼得原本正在羅馬傳教，擔心遭迫害的信徒勸他避避風頭，於是他決定離開羅馬。

*4 元老院：羅馬共和政治的最高審議機關。一直維持到進入帝政時期。

141

你捨棄的羅馬。

為了再一次被
釘在十字架上。

……啊啊。

啊
啊……

啊

啊

啊

小知識

包含尼祿和戴克里先（見144頁）在內，羅馬帝國有許多皇帝都對基督教加以迫害。到了西元313年，基督教徒的反抗終於出現成效，君士坦丁皇帝下令讓基督教合法化。基督教稱猶太教的聖典為《舊約聖經》，並將耶穌的言行、使徒的言行與書信稱為《新約聖經》，兩者合併稱為《聖經》。

*1 聖彼得大教堂：位於梵蒂岡的教堂，為羅馬天主教會的核心。
*2 戴克里先（在位期間西元284～305年）：羅馬帝國皇帝，曾大舉迫害基督教徒（西元303～313年）。

*3 君士坦丁（在位期間西元306～337年）：羅馬帝國皇帝。終結了四帝共治制度，再次統一羅馬帝國，並讓專制君主政治更上一層樓。

*4 李錫尼（在位期間西元308～324年）：4世紀初期的羅馬帝國正帝。當時李錫尼統治羅馬帝國的東邊，君士坦丁統治西邊。

*5《米蘭敕令》：西元313年由君士坦丁和李錫尼共同發布的法令，承認所有宗教的信仰自由。

彼得轉頭走向原本已遠離的羅馬。

據說後來彼得也被釘死在十字架上。

如今的聖彼得大教堂*1，正是建在彼得的墳墓之上。

自尼祿皇帝死後，羅馬便進入混亂時代，各地頻頻發生叛亂。一直到戴克里先*2皇帝的時代，羅馬帝國依然將基督教視為異教，但信徒卻有增無減。

西元313年，君士坦丁*3皇帝和李錫尼*4皇帝為了帝國內部的安定，聯名發出《米蘭敕令》*5，承認了基督教徒的信仰自由。

2 希臘、羅馬與地中海世界

深入理解漫畫內容

時代總結

◆ 本單元注意事項 ◆

1 　各符號代表意義：血→世界遺產、📖→重要詞句、😊→重要人物、🏺→美術品、遺跡

2 　重要詞句以粗體字標示，附解說的重要詞句以藍色粗體字標示。

3 　同一語詞若出現在兩處以上，將依需要標注參考頁碼。參考頁碼指的是「時代總結」
　　中的頁碼。例：（→ p. ○○）

4 　年代皆為西元年。西元前有時僅標
　　記為「前」。11 世紀以後的年代除
　　了第一次出現外，有時會以末尾兩
　　位數標示。

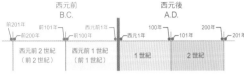

5 　人物除了生卒年之外，若是王、皇帝或總統，會標記在位（在任）期間，標記方式為
　　「在位或在任期間○○～○○」。

6 　國家或地區名稱略語整理如下：

　　英：英國／法：法國／德：德國／義：義大利／西：西班牙／奧：奧地利／荷：荷蘭／普：普魯士
　　俄：俄羅斯／蘇：蘇聯／美：美利堅合眾國／加：加拿大／土：土耳其／澳：澳洲／印：印度／中：中國
　　韓：韓國（大韓民國）／朝：朝鮮／日：日本／歐：歐洲

時代總結 年表　約西元前 3000 年～ 600 年

年代	地中海世界

西元前 3000 年

希臘・愛琴海
- 約前3000　愛琴文明興起（青銅器文化）
- 約前2000～前1400　克里特（米諾斯）文明

1500 年

- 約前1600～前1200　邁錫尼文明
- 約前1200　特洛伊戰爭

1000 年

迦太基
- 約前814　原為腓尼基的殖民都市

羅馬
- 約前753　建國（傳說）

800 年
700 年
- 前776　第一次奧林匹亞祭典

600 年
- 約前616　伊特魯里亞人統治羅馬
- 前683　廢除雅典王政（貴族政治）

- 前594　梭倫改革
- 前6世紀中葉　庇西特拉圖變成希臘雅典僭主
- 前508　克里斯提尼改革

共和政治
- 前509　開始共和政治

500 年

波希戰爭（前500～前449）

民主政治

馬其頓

- 前472　設置平民大會
- 約前450　成立《十二銅表法》

- 前478　成立提洛同盟　伯里克里斯改善雅典民主
- 前431～前404　伯羅奔尼撒戰爭

400 年
- 前367　《李奇尼亞・塞克斯提法》
- 前338　喀羅尼亞戰役

亞歷山大大帝

300 年
- 前287　《霍爾騰西亞法》
- 前337　成立科林斯同盟（馬其頓為盟主）

亞歷山大大帝遠征東方

布匿戰爭（前264～前146）
- 前276　安提柯王朝誕生

200 年
- 前264～前241　第一次布匿戰爭
- 前218～前201　第二次布匿戰爭

- 前149～前146　第三次布匿戰爭
- 前168　遭羅馬消滅

100 年
- 前146　被羅馬消滅
- 前133～前121　格拉古兄弟的改革
- 前146　成為羅馬的行省

▼加爾橋

- 前88～前82　馬略和蘇拉的鬥爭
- 前73～前71　斯巴達克斯起義
- 前60～前53　前三頭同盟（龐培、凱撒、克拉蘇）
- 前46　凱撒成為獨裁官
- 前43　後三頭同盟（屋大維、馬克・安東尼、雷比達）
- 前31　亞克興戰役，埃及戰敗
- 奧古斯都（前27～後14）　◎耶穌（約前7／前4～後30）

前1世紀末的羅馬帝國建築物，位於南法的加爾省，為三層的拱形造型。（→p.39）
©PPS 通信社

羅馬帝國統一地中海世界

西元後 1 年

100 年
- 五賢帝時代（96～180）
- 64　尼祿皇帝迫害基督教徒

200 年
- 212　卡拉卡拉皇帝給予所有自由人民公民權

- 戴克里先（284～305）專制君主政治

300 年
- 君士坦丁一世（306～337）

日耳曼民族大遷徙開始
- 303　戴克里先皇帝的大迫害
- 313　基督教合法化（米蘭敕令）
- 325　尼西亞公會議

- 狄奧多西一世（379～395）
- 392　禁止基督教以外的宗教
- 395　羅馬帝國分裂為東西方

400 年

西羅馬帝國

拜占庭（東羅馬）帝國

500 年
- 476　遭日耳曼傭兵隊長奧多亞塞消滅

600 年
- 查士丁尼大帝（527～565）

※ 人物後的數字皆為在位期間。

西亞世界		日本	中國

▼修復的特洛伊木馬

特洛伊戰爭是亞該亞（希臘）和特洛伊之間的戰爭。神話描述亞該亞軍建造大型的木馬，讓士兵藏身其中，消滅了疏於防範的特洛伊軍。海因里希‧施里曼相信特洛伊的傳說，挖掘出了遺跡。（→ p.10）

©PPS 通信社

西亞世界		日本	中國
			約前1600 商（殷）朝興起
			邁入春秋時代 約前770～前403
阿契美尼德波斯帝國			
約前525　統一近東			
	阿契美尼德波斯帝國	繩文時代	
前490　馬拉松戰役 前480　溫泉關戰役、薩拉米斯海戰	大流士一世 （前522～前486）		前403　進入戰國時代
（前336～前323） （前334～前324）	前331　高加米拉戰役 前330　滅亡		
亞歷山大的帝國			
埃及	敘利亞		前221 秦朝統一中國 秦始皇（前221～前210） 前202 漢朝統一中國
前304 托勒密王朝誕生	前312 塞琉古王朝誕生		
	安息(帕提亞)帝國　巴克特里亞王國 約前248 獨立　　約前255 獨立		
	前139 滅亡	彌生時代	
克麗奧佩脫拉七世 （前51～前30）	前64 成為羅馬的行省		
前30 成為羅馬的行省			
	224 遭薩珊王朝消滅	57 奴國王派遣使者至東漢	25 東漢建國 光武帝（25～57）
	薩珊波斯帝國		
	224　建國 230　將瑣羅亞斯德教當成國教 沙普爾一世（約241～272） 260　埃德薩之戰	239 邪馬臺國的女王卑彌呼派使者至魏國	220 東漢滅亡 魏、蜀、吳的三國時代 386 北魏建國
		391 日本軍對抗百濟與新羅	
	425　與嚈噠帝國抗爭	古墳時代 478 倭王武的上表文	420 宋（南朝）建國
	563　與突厥聯盟，打敗嚈噠人	593～621聖德太子攝政	581　隋建國 618　唐建國

3

漢尼拔（西元前247～前183年）

©PPS通信社

連羅馬人都害怕的迦太基名將。在第二次布匿戰爭時，率領大軍和大象越過阿爾卑斯山，攻入義大利。這件事震驚了羅馬的重裝步兵和騎兵。（→p.28）

→ 漢尼拔前進方向

斯基提亞

**安提柯王朝
馬其頓**
西元前 276 ～前 168

新迦太基

羅馬共和國

迦太基

黑海

敘拉古

**塞琉古王朝
敘利亞**
西元前 312 ～前 64

裏海

地中海

底格里斯河

**托勒密王朝
埃及**
西元前 304 ～前 30

幼發拉底河

安息（帕提亞）帝國
約西元前 248 ～後 224

波斯灣

阿基米德（約西元前287～前212年）

©PPS通信社

出生於西西里島的敘拉古，是位數學家、物理學家。為了確認希倫二世國王的王冠是否為純金打造，在洗澡時發現了浮力原理。第二次布匿戰爭時，他所設計的投石機等工具對羅馬軍造成嚴重打擊。後來敘拉古遭到羅馬軍占領，他在遭羅馬士兵殺掉的前一刻，大喊：「別踏壞了我的圖形！」（→p.23）

紅海

尼羅河

阿拉伯海

擁有誇張動作和強烈情感的人物像，是希臘化時代的特色（→p.21、23）。拉奧孔與兒子們雕像，是以父子招惹眾神的神話故事為題材。身體被兩條毒蛇纏繞而痛苦萬分的模樣相當傳神。

匈奴

日本海

倭國（日本）
（彌生時代）

巴克特里亞王國
西元前 255〜前 139

黃河

咸陽

秦
西元前 221〜前 206

長江

太平洋

巴連弗邑

恆河

孔雀王朝
約西元前 317〜前 180

孟加拉灣

時代總結 歷史地圖
西元前 3 世紀的世界

印度洋

亞歷山大大帝遠征東方，建立起橫跨東西的大帝國。大帝死後，帝國雖然分裂，但是希臘文化和各地區的文化融合，衍生出獨自的文化。這些文化統稱為「希臘化文化」。最大的特徵在於不受國家與民族拘束的世界之民思想。

大西洋

倫蒂尼恩
（倫敦）

盧泰西亞
（巴黎）

文多波納
（維也納）

新迦太基
（卡塔赫納）

羅馬

羅馬帝國
（大秦）

迦太基

雅典

拜占庭　黑海

地中海

裏海

安提阿

耶路撒冷

安息（帕提亞）帝國

約西元前 248 ～後 224

泰西封

亞歷山卓

波斯波利斯

波斯灣

尼羅河

紅海

阿拉伯海

羅馬都市的建設

羅馬人在擴大行省的同時，也在各地建設都市，興建道路、供水系統、公共設施等產業和民生基礎設施（→ p.38）。北非突尼西亞的沙格鎮遺跡，正是其中之一。

©PPS 通信社

描繪安息回馬箭的銀盤

安息帝國的騎兵善於一邊奔馳、一邊轉身向身後敵人發箭的技巧，曾令羅馬軍吃了不少苦。這面薩珊波斯帝國時代的銀盤上，描繪著運用「安息回馬箭」來捕殺獅子的圖案。

©PPS 通信社

五賢帝時代（96～180年）羅馬和安息帝國互相爭奪的區域

羅馬帝國的最大疆域

貴霜帝國和安息帝國互相爭奪的區域

貴霜帝國的最大疆域

（紅字）現在的都市名稱

6

日本海

鮮卑

高句麗

倭國（日本）
（彌生時代）

北匈奴

辰韓

弁韓

馬韓

烏孫

大宛
（費爾干納）

西域各國

敦煌

黃河

長安
（西安）

洛陽

太平洋

白沙瓦

印度河

東漢
25～220

貴霜帝國
1世紀～3世紀

巴連弗邑

長江

大秦王安敦派遣
使者至此地（166年）

塞迦王朝
約145～390

摩揭陀

恆河

日南

占婆
（林邑）

百乘王朝
前1世紀～後3世紀

扶南

喔呋

孟加拉灣

時代總結 **歷史地圖**

2世紀的世界

印度洋

這個時代的西方，正是「羅馬治世」的全盛時期。在東方，東漢的疆域也不斷擴張。連結東西二大帝國的貿易活動變得熱絡，海陸交通網因而快速發展。

1 愛琴文明

地中海東部的愛琴海周邊地區受近東影響，發展出歐洲第一個青銅器文明。

愛琴海周邊發展出什麼樣的文明？

1 愛琴海周邊的自然與風土

愛琴海上有著許多島嶼，條件良好的港口相當多，自古便很適合和埃及、敘利亞等地進行海上貿易。另一方面，周邊陸地多為山地，因此居民多分散居住在沿岸區域。由於土地為貧瘠的石灰岩質，加上雨水量少，因此產業以栽種橄欖[1]、葡萄等的果樹農業，以及牧羊之類的畜牧業為中心。至於穀物，則仰賴進口取得。**愛琴文明**在這樣的自然和風土下形成。以愛琴海為中心，約自西元前3000年至前1200年的**青銅器文明**[*1]，即統稱為愛琴文明。

[*1] 使用青銅（銅錫合金）工具的文明。

2 克里特（米諾斯）文明

大約西元前3000年，從安那托利亞（小亞細亞）移居至愛琴海南部克里特島的民族，帶來了青銅器文明。到了大約西元前2000年，克里特島由一個國王所統一，在**克諾索斯**[*2]建造了一座壯觀的宮殿，於是稱作克里特文明[1]（米諾斯文明）。克里特文明和近東文明一樣，國王擁有強大的權力，但是克諾索斯的宮殿為開放性，沒有城牆，可見社會相當和平。

[*2] 克里特文明的克諾索斯遺跡，由英國考古學家亞瑟・埃文斯在1900年發現。至於邁錫尼的遺跡，則是德國人海因里希・施里曼繼發現著名的特洛伊遺跡（→p.10）後，在1876年開始挖掘。

用語解說

📖 橄欖

希臘是典型的地中海型氣候。特別是夏季，既高溫又乾燥。因此從古代就相當盛行栽種對乾燥適應力強的橄欖。從果實榨取出的橄欖油，一直是重要的出口貿易商品。橄欖也出現在克里特文明的壁畫中，而且在希臘神話裡，橄欖被視為是女神雅典娜所創造之物。

用語解說

📖 克里特（米諾斯）文明

克里特文明（約西元前2000～前1400年）繁榮於愛琴文明的中期，以希臘最大島克里特島為中心區域。因為神話中的國王名字為米諾斯，所以也被稱為米諾斯文明。至今仍不清楚創造克里特文明的民族屬於哪種體系。

8

▼克諾索斯宮殿的遺跡

學研資料課

❸ 邁錫尼文明

另一方面，約西元前2000年，印歐語系*3的希臘人祖先從北方南下，進入現今的希臘本土。其中定居於伯羅奔尼撒半島的亞該亞人自西元前1600年起，建立了**邁錫尼**、**梯林斯**、**皮洛士**等小王國，創造出青銅器文明。由於核心地區為邁錫尼王國，因此稱作邁錫尼文明。

❹ 邁錫尼文明的特徵

和克里特文明不同的是，**邁錫尼文明**是一個諸小國不斷互相攻伐的戰鬥性文明。王宮四周的城牆以巨大的石頭堆積而成。邁錫尼王國似乎曾經相當富庶，考古學家在其巨大的圓形墳墓中發現大量黃金面具之類的黃金製品。

用語解說

邁錫尼文明

愛琴文明的後半段，以邁錫尼文明（西元前1600～前1200年）為代表。以巨石城堡為中心的小王國互相征伐。

*3 廣泛分布於印度至歐洲的語系。所謂的語系，指的是一群人所使用的語言不盡相同，但這些語言卻有相同的根源。包括歐洲的日耳曼語族、斯拉夫語族、凱爾特語族，以及亞洲的印度伊朗語族等等。

*4 克里特文明的初期，使用的是圖形文字。之後發展為線形文字A。因為這些文字尚未解讀出來，所以克里特人的民族系統仍舊不明。邁錫尼文明模仿克里特文明，創造了線形文字B。線形文字A和B都由挖掘出克諾索斯王宮遺跡的英國考古學家亞瑟·埃文斯所發現。線形文字B的黏土版，後來在希臘本土也曾被發現。1952年，英國人麥可·文特里斯成功解讀出這種古老的希臘語。

根據黏土版上的**線形文字***4記載，當時的政治制度是由國王派遣官員到村莊收取農作物作為貢品（貢納王政）⁴。

愛琴文明的時代是怎麼結束的？

❶ 邁錫尼文明的擴大與滅亡

約在西元前1400年，創造出邁錫尼文明的**亞該亞人**入侵克里特島，並統治了這個地區。西元前13世紀時，亞該亞人又攻陷了位於小亞細亞的特洛伊（**特洛伊戰爭***5）。

*5 古代希臘神話中，亞該亞軍和特洛伊軍之間的戰爭。

然而約到西元前1200年，邁錫尼文明的諸王國全都滅亡了。原因可能是多利安人的南下侵略、「**海上民族**」（見第1卷）的攻擊、氣候變動或貢納王政的發展遇到瓶頸等。

▼黃金面具　©PPS通信社

由德國考古學家施里曼（西元1822～1890年）於1876年發現。這個黃金面具是邁錫尼文明最具代表性的出土古物之一。施里曼另外還根據荷馬史詩的描述，挖掘出時代與邁錫尼文明相近的特洛伊遺跡。

❷ 黑暗時代

隨著邁錫尼文明的滅亡，愛琴文明也宣告結束。接下來長達四百年的時間（西元前12世紀～前8世紀），此地區不僅局勢混亂，而且佐證史料相當有限，因而被稱作「黑暗時代」。

在這個時期，青銅器文明進展至**鐵器時代***6，但文字遭到遺忘，人口也變少。希臘人依方言的不同，可區分成**愛奧尼亞人**、**伊奧利亞人**和**多利安人**。

*6 金屬器時代中，鐵製工具及武器開始普及的時代。

2 希臘城邦社會的發展

古希臘不同於近東地區，是以城邦為主要社會結構，雅典並發展出民主政治。

城邦是如何發展出來的？

1 城邦的形成

約西元前8世紀的希臘，原本分散居住在各村落的居民，基於防衛上的需要，於是在掌權貴族的領導下開始過起**集中生活**。隨著時代進展，便產生了雅典、斯巴達等各**城邦**（都市型國家）。

2 城邦社會的特徵

希臘城邦在宗教上的中心地點為山丘上祭祀守護神的**衛城**[*1]，政治和經濟活動上的中心地點則是位於山坡下的**市集廣場**[*2]。居民包括**公民**和**奴隸**[*3]，而公民又可區分為貴族和平民。城邦雖各自獨

[*1] 位在城邦中央的山丘上。除了有守護神的神殿之外，還有使用在特殊情況下的避難所和碉堡要塞。

[*2] 指衛城山坡下方的廣場，蓋有公共設施，具有市民集會、審判和交易買賣等各種用途。

[*3] 擁有自由身分的公民之中包含貴族與平民，貴族擁有較多的土地和較高貴的家世背景，不管在政治或軍事上都處於領導者地位。絕大部分城邦都逐漸由初期的君王政治轉變為這樣的貴族政治。平民也算是可以獨立自主的自由公民，能夠擁有自己的土地和奴隸，因此有些平民也會變得相當富有。

相較之下，奴隸卻不被當成人看待，宛如商品一樣遭到買賣，多成為農業、手工業或礦山內的勞動人力。大多數奴隸來自戰爭俘虜、無法清償債務的公民，或是向外國買來的異族奴隸。雅典是奴隸制度相當發達的城邦，總人口約有三分之一是奴隸，絕大部分是個人擁有的家奴。

血 位於雅典衛城內的帕德嫩神廟

學研資料課

立且互相攻伐，卻擁有共通的語言和神話，並藉由阿波羅神殿的德爾菲神諭，以及每隔四年舉辦的**奧林匹亞祭典**[4]，建立起大家都是同一民族的意識。他們稱自己希臘人為「**赫楞人**」[5]，稱異族為「**巴巴洛伊**」[6]。

[4] 於奧林匹亞城邦舉行的祭典（→p.17）。根據紀錄，這場祭典早在西元前776年起便維持四年舉辦一次的傳統，舉辦期間連戰爭也得暫時中斷。進入19世紀後，這項傳統重新出發，成為現在的奧運。

[5] 原意為神話中的英雄赫楞的子孫。

[6] 原意為「使用奇怪語言的人」。

❸ 殖民市的建設

隨著人口增加，土地漸漸不足，因此希臘人自西元前8世紀中葉起，在地中海等地設置殖民都市並拓展貿易範圍。受小亞細亞的利底亞人（見第1卷）影響，希臘人也開始鑄造貨幣。工商業變得活絡，累積大量財富的平民越來越多，但因無法償還債務而淪為奴隸的人（債務奴隸）也大量增加。

▼壺上描繪的重裝步兵

©PPS 通信社

雅典是什麼樣的城邦？

❶ 雅典的政治與社會變遷

雅典在大約西元前7世紀由君王政治轉變為貴族政治後，統治國家的執政官皆自貴族中選出。但隨著國家變得富庶，平民開始以重裝步兵[1]的身分參與戰爭，這些平民漸漸對貴族主導的政治抱持不滿。除此之外，債務奴隸的增加也形成社會問題。

❷ 德拉古立法與梭倫改革

西元前7世紀後期，立法家**德拉古**制定出第一套成文法，並主張這套法律為全體人民所共有。但其內容並不符合平民的期待，平民和貴族的對立依然不見改善。到了前6世紀初，**梭倫**[7]為了化解貴族和平民的對立，下

用語解說

📖 重裝步兵

指配備長槍、盾牌、鎧甲、頭盔和護脛的步兵。希臘城邦的戰士必須自己出錢添購武器，因此初期軍隊的主力是騎馬的貴族，但後期生活變得富裕的平民也開始以重裝步兵的身分參與戰爭。手持長槍和盾牌並組成「方陣」的重裝步兵便成為軍隊的主力。

12

令將欠債一筆勾銷，並禁止以欠債為由將其他人民當成奴隸（債務奴隸的禁止）。此外，梭倫並將人民分成四等級（依財產而非家世），依其等級決定參政權的大小（財產政治）。這雖然是平民開始參政的起源，但人民心中依然懷抱不滿，對立並沒有因此消失。

*7 約西元前640～前560年。雅典執政官，「希臘七賢」之一。

3 僭主的出現與克里斯提尼改革

在平民的不滿情緒下，雅典開始出現一些不遵循法律途徑，而憑藉個人實力來掌握權勢的獨裁者，這種人便被稱為僭主。西元前561年，雅典僭主**庇西特拉圖***8採行保護中小規模農民的政策，推動工商業發展，並積極推廣文化事業，使雅典進入繁榮時代。

西元前508年，貴族出身的**克里斯提尼***9在平民支持下開始重大改革。他廢止了由血緣關係發展而成的四部族制度，因為這是貴族勢力的基礎。接著，他依照不同居住地區，重新制定出一套十部族制度，並從中挑出一些代表，組成五百人評議會。此外，他又制定出陶片放逐制度，以免僭主政治死灰復燃。這些改革都成為民主政治的基礎。

用語解說

(!) 僭主
指非經合法途徑的統治者。利用平民的不滿情緒掌控權勢，執行獨裁政治。

(!) 陶片放逐制度
由人民在陶片上寫下有可能成為僭主的人名，並回收加以統計。只要投票總數超過六千票，其中得票最多的人將被放逐至國外十年。後來遭到濫用，成為政治鬥爭時趕走政敵的方法，因此於西元前5世紀末期廢止。

*8 ？～前527年。自前561年起，曾三度當上僭主。主要政策為保護中小規模農民和幫助平民。

*9 西元前6世紀後期的政治家。出身於名門世家阿爾克馬埃翁家族，在民眾的支持下打倒僭主庇西特拉圖的兒子希庇亞斯，並推動改革，制定陶片放逐制度等等。

斯巴達是什麼樣的城邦？

斯巴達是多利安人征服原住民後建立的城邦。在身為統治階層的斯巴達公民下還有二個階層，其一是**庇里阿西人**（原意為周邊之人），這些人能夠擁有土地，能從事農業或工商業，並且負有納貢和從軍的義務，但是沒有參政權，可說是半自由的公民。其二是名為**希洛人**的隸屬農民，只負有納貢義

務，身分幾乎和奴隸沒有兩樣。希洛人的人數最多，相較之下斯巴達公民只有不到一萬人。由於希洛人常起義反抗，因此斯巴達採行的是名為「來古格士法」[1]的軍事鎖國政策。在這樣的制度下，斯巴達擁有全希臘最強的陸軍，但文化並不發達。

希臘是如何戰勝波斯的？

① 波希戰爭的肇因

西元前5世紀初期，受到**阿契美尼德波斯帝國**（見第1卷）統治的希臘殖民都市**愛奧尼亞**地區，以米利都為中心發起反抗波斯帝國的叛亂。雅典在背後暗中支援這些都市，波斯為報復而遠征希臘，因而爆發了波希戰爭[1]。

② 波希戰爭的過程

波斯軍遠征雅典，卻在西元前490年的**馬拉松戰役**中被雅典的重裝步兵擊潰。直到西元前480年，波斯軍才在**溫泉關戰役**中打敗斯巴達軍，進逼雅典。雅典將軍特米斯托克力[1]先讓人民搭船逃走，接著將波斯艦隊引誘到狹窄的水道裡，一舉擊敗波斯艦隊（**薩拉米斯海戰**）。隔年的普拉蒂亞戰役中，雅典和希臘的聯軍又打敗波斯陸軍，使希臘在波希戰爭中獲得決定性的勝利。西元前449年，雙方談和，波希戰爭正式宣告結束。

特米斯托克力
（約西元前524～前460年）
雅典的軍人、政治家。利用礦山的獲利建立起龐大艦隊，在薩拉米斯海戰中一戰成名，卻遭陶片放逐（→p.13），最後逃亡至波斯。

©PPS 通信社

用語解說

[1] **來古格士法**

來古格士是傳說中的人物，據說這套制度由他所訂定。斯巴達公民的男孩子一到七歲就必須遠離家人，進入團體中接受戰鬥和忍耐訓練。為了維持民眾之間的連帶感與向心力，土地皆經過公平分配且禁止讓渡或買賣，而且國內禁止使用貨幣，以避免貧富差距拉大。

用語解說

[1] **波希戰爭**（前500～前449年）

波斯的軍隊雖然龐大，卻是各種民族湊在一起的大雜燴部隊。相較之下，以雅典為首的希臘城邦有著民主政治背景，民眾的團結力較強。此外，波斯軍擅長能夠發揮機動力的平地戰，但希臘多山地，雅典的重裝步兵較占優勢。以海戰來看，也是希臘艦隊較熟悉愛琴海的環境。

▼波希戰爭勢力圖

| 反波斯同盟 | 波斯同盟 | 中立地帶 |

色雷斯

馬其頓

阿契美尼德
波斯帝國

前490年
馬拉松戰役

底比斯

雅典

薩第斯

提洛島

伯羅奔尼撒

米利都

斯巴達

前480年
薩拉米斯海戰

愛奧尼亞殖民
都市的叛亂地區
（前500～前493年）

❸ 提洛同盟與雅典民主政治的進步

波希戰爭的勝利，讓希臘人在專制帝國的威脅下保住城邦的獨立和自由。為了防範波斯再度來犯，愛琴海周邊的城邦組成提洛同盟^❹。雅典為同盟的盟主，加上強大海軍實力與經濟實力，得以掌控愛琴海的霸權。另一方面，在雅典國內，許多無產人民都因擔任**三槳座戰船***10的划槳手而漸漸

▼讓雅典民主政治
更上一層樓的伯里克里斯

©PPS 通信社

用語解說

📖 提洛同盟

由雅典所主導的軍事同盟，約成立於西元前478年，主要目的在對抗波斯。全盛時期約有兩百個城邦加盟，在雅典的領導下，許多城邦都轉型為民主政治。同盟的金庫原本安置在愛琴海的提洛島上，但於西元前454年轉移至雅典。雅典盜用這些同盟資金來填補自己國家的財政缺口，並以盟主身分君臨整片愛琴海。

獲得發言權。**伯里克里斯**[11]在這些人民的支持下推動改革，於西元前5世紀中葉讓民主政治更上一層樓。當時採行的是直接民主政治，以**公民大會**為最高決策機關，所有十八歲以上的成年男性人民都可參加，但女性和奴隸依然無法擁有參政權。

[10] 上下共配置三排划槳手的大型划槳船。船首為金屬打造，可快速衝撞敵船，使敵船沉沒。

▼三槳座戰船

©PPS 通信社

[11] 約西元前495～前429年。雅典全盛時期的政治家。除了使雅典的民主政治更上一層樓之外，還挪用提洛同盟的資金，重建著名的帕德嫩神廟。

城邦社會為何漸漸沒落？

① 伯羅奔尼撒戰爭

雅典統率提洛同盟迅速擴張勢力，因而與統率伯羅奔尼撒同盟[1]的斯巴達產生摩擦，希臘世界的兩大陣營終於發生戰爭，也就是**伯羅奔尼撒戰爭**（西元前431～前404年）。

雅典在交戰過程中爆發瘟疫，就連統治雅典的伯里克里斯也病死。後來雅典不斷出現藉由花言巧語煽動人心的**德馬哥古**（煽動政治家），民主政治開始墮落，淪為暴民政治[12]。最後這場戰爭由接受了波斯支援的斯巴達獲得勝利。

② 城邦社會的變化與沒落

戰爭使農地荒蕪，人民流離失所，為了錢而參戰的**傭兵**越來越多，民眾失去了團結力。西元前4世紀中葉，**底比斯**取代斯巴達成為強國，但沒有持續太長的時間。雅典恢復了民主政治後，重新締結海上同盟，但許多城邦紛紛退出，各城邦之間的征戰不曾間斷。

用語解說

[1] **伯羅奔尼撒同盟**

以斯巴達為盟主的軍事同盟，成立於西元前6世紀，比提洛同盟更早。伯羅奔尼撒半島上幾乎所有城邦都加入這個同盟。直到西元前371年，底比斯擊敗斯巴達，不久之後伯羅奔尼撒同盟便瓦解了。

[12] 藉由煽動民眾來獲得支持，完全沒有辦法理性思考和討論意見的政治狀態。

奧林匹克運動會的歷史

現在四年舉辦一次的奧林匹克運動會,是現代重新發揚光大古希臘奧林匹亞祭典精神的一個活動。我們來看看古代奧林匹亞祭典的內容吧。

1 古代奧林匹亞祭典──祭祀宙斯的儀式

根據文獻記載,古代奧林匹亞祭典開始於西元前776年,在希臘每隔四年舉辦一次。目的在祭祀奧林帕斯十二神的主神宙斯,舉行地點在伯羅奔尼撒半島上的奧林匹亞(宙斯的聖地)。

剛開始只有短跑競賽

最初舉辦的時間只有一天,競賽內容也只有短跑。跑步的長度為「1 史塔德」,相當於 192.27 公尺。為了防止作弊,參加比賽的選手必須赤身裸體。

↑ 短跑的圖騰

©PPS 通信社

奧林匹亞祭典期間不得交戰

在神聖的奧林匹亞祭典期間,連戰爭也必須暫停,由此可知祭典具有多麼重大的意義。

©PPS 通信社

↑ 古代奧林匹亞祭典競技場的遺跡

優勝者會戴上橄欖枝環冠

優勝者只能得到一頂橄欖枝環冠。但對希臘人來說,這個環冠代表最高榮譽。甚至有人因為優勝的關係,獲任命為將軍。在斯巴達,優勝者則是擁有以前線戰士的身分參加下一場戰爭的特權。

逐漸增加比賽項目

後來慢慢增加了競技項目,例如中長跑、跳遠、擲鐵餅、摔角等五種競技。

↓ 摔角的圖騰

©PPS 通信社

以站立的姿勢將對方摔出去的競技。沒有時間限制,往往要花不少時間才能分出勝負。

2 現代奧林匹克運動會的起源

復興古代奧林匹亞祭典的聲音，最初是由法國的教育家皮埃爾・德・顧拜旦（1863～1937年）所提出。世界各國紛紛響應，並在1896年於希臘舉辦了第一屆的雅典奧林匹克運動會，這就是現代奧林匹克運動會的起源。開幕典禮在雅典的泛雅典競技場舉行，共有歐美十四個國家參加，選手為241人。

第一屆的現代奧林匹克運動會模仿古代規則，只有男性選手能參加。競技為田徑、游泳、體操、摔角、擊劍、射擊、自行車、網球八大項，四十三種項目。從1900年的第二屆巴黎奧林匹克運動會開始，女性選手也可以參加。此外，從1924年起，開始舉辦冬季奧林匹克運動會。

舉辦年分	舉辦都市	舉辦國家	舉辦年分	舉辦都市	舉辦國家
1896	雅典	希臘	1952	赫爾辛基	芬蘭
1900	巴黎	法國	1956	墨爾本	澳洲
1904	聖路易	美國	1960	羅馬	義大利
1908	倫敦	英國	1964	東京	日本
1912	斯德哥爾摩	瑞典	1968	墨西哥城	墨西哥
1916	柏林 ※中止	德國	1972	慕尼黑	西德
	（第一次世界大戰的關係）		1976	蒙特婁	加拿大
1920	安特衛普	比利時	1980	莫斯科	蘇聯
1924	巴黎	法國	1984	洛杉磯	美國
1928	阿姆斯特丹	荷蘭	1988	首爾	韓國
1932	洛杉磯	美國	1992	巴塞隆納	西班牙
1936	柏林	德國	1996	亞特蘭大	美國
1940	東京 ※變更	日本	2000	雪梨	澳洲
	赫爾辛基 ※中止	芬蘭	2004	雅典	希臘
	（第二次世界大戰的關係）		2008	北京	中國
1944	倫敦 ※中止	英國	2012	倫敦	英國
	（第二次世界大戰的關係）		2016	里約熱內盧	巴西
1948	倫敦	英國	2020	東京	日本

↑ 夏季奧林匹克運動會的舉辦年分、舉辦都市、舉辦國家

← 創造了國際奧林匹克委員會（IOC）的顧拜旦。

顧拜旦為法國的教育家。自從考古學家在希臘挖掘出奧林匹亞的遺跡，顧拜旦便以復興奧林匹亞祭典為目標。1894年巴黎的一場會議，讓奧林匹克運動會付諸執行。奧林匹克五環標誌，也是由顧拜旦所設計。

©PPS 通信社

↑ 第一屆奧林匹克運動會的海報。　©PPS 通信社

3 帕拉林匹克運動會的起源

所謂的帕拉林匹克運動會，是專為殘疾人士舉辦的奧林匹克運動會。發起者是第二次世界大戰期間逃亡至英國的猶太醫生路德維希・古特曼（1899～1980年）。1948年，他在醫院內邀集了十六名坐著輪椅的病人，舉辦射箭比賽，據說這就是帕拉林匹克運動會的雛形。正式的第一屆帕拉林匹克運動會[*1]在1960年，於義大利的羅馬舉行，共有二十三個國家四百位選手參加。如今這項運動會緊接在奧林匹克運動會結束後開幕，已成為殘疾人士的重要運動盛會。

[*1] 第一屆帕拉林匹克運動會原本命名為斯托克曼德維爾運動會，取名自斯托克曼德維爾醫院。

3 亞歷山大帝國與希臘化文化

> 亞歷山大大帝在極短時間裡建立橫跨東西方的巨大帝國，促使希臘與近東的文化融合，創造出新的文化。

亞歷山大大帝如何建立巨大的帝國？

① 馬其頓的崛起

　　伯羅奔尼撒戰爭後，希臘城邦社會逐漸式微。相較之下，由一部分希臘人在北方建立的**馬其頓**王國則開始崛起。西元前4世紀後期，**腓力二世**[*1]致力於強化國力，在西元前338年的**喀羅尼亞戰役**中擊敗雅典、底比斯聯軍。其後馬其頓成為科林斯同盟（亦稱赫拉斯同盟）的盟主，幾乎稱霸整個希臘。除了斯巴達之外，所有城邦都加入這個同盟。

[*1]　在位期間西元前359～前336年。曾藉由改革軍制和戰術來強化國力，幾乎征服全部希臘城邦。雖然也曾計畫遠征波斯，但還沒付諸行動就遭部下暗殺身亡。

② 亞歷山大大帝遠征東方

　　亞歷山大大帝是腓力二世的兒子。為打倒喜歡干涉希臘紛爭的波斯，亞歷山大率領馬其頓、希臘聯軍發動了**東方遠征**（西元前334～324年）。西元前333年的伊蘇斯戰役中，**大流士三世**[*2]率領的波斯軍在

亞歷山大大帝
（在位期間西元前336～前323年）
以父親延攬的哲學家亞里斯多德（→p.23）為師，因父親遭暗殺而在二十歲便即位為王。發動東方遠征，消滅阿契美尼德波斯帝國，建立起從希臘、埃及到印度河流域的巨大帝國，但還沒開始整頓疆域便病亡。

[*2]　在位期間西元前336～前330年。阿契美尼德波斯帝國的最後一代君王。先在戰場上敗給亞歷山大，後又遭到暗殺。

用語解說

伊蘇斯戰役
這是一幅出土自義大利龐貝城遺跡的鑲嵌畫。左邊角落騎著馬向前衝的是亞歷山大大帝，中間偏右的一輛正要撤退的戰車上站著大流士三世。亞歷山大的軍隊包括兩大類，一是精悍的馬其頓騎兵，一是希臘重裝步兵組成的長槍密集部隊。加上臨機應變的戰術運用，使亞歷山大軍成為當時世界上最強的軍隊。

學研資料課

人數上占了壓倒性的優勢，但亞歷山大的軍隊還是擊敗波斯軍。西元前331年的阿貝拉戰役中，亞歷山大軍更獲得決定性的勝利，占領了波斯首都蘇薩。隔年徹底消滅阿契美尼德波斯帝國後，亞歷山大繼續東進，征服的領地直抵印度西北部。最後亞歷山大在巴比倫病逝。

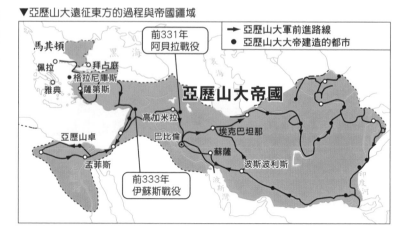

▼亞歷山大遠征東方的過程與帝國疆域

→ 亞歷山大大軍前進路線
● 亞歷山大大帝建造的都市

前331年
阿貝拉戰役

亞歷山大帝國

馬其頓
佩拉
拜占庭
格拉尼庫斯
雅典
薩第斯
高加米拉
埃克巴坦那
亞歷山卓
巴比倫
蘇薩
孟菲斯
波斯波利斯

前333年
伊蘇斯戰役

❸ 亞歷山大大帝統治東方

亞歷山大大帝以波斯君王的繼承者身分接管其政治機構，表現出近東風格的專制君主態度。此外，他還在征服的土地上建設超過七十座的希臘風格都市，大多命名為「亞歷山卓」，並讓希臘人入住。

「希臘化時代」是什麼樣的時代？

❶ 帝國的分裂

亞歷山大大帝死後，其部下將軍們為繼承問題發生爭執。到了西元前3世紀初期，分裂成**敘利亞塞琉古王朝**[3]、**埃及托勒密王朝**[4]、**馬其頓安提柯王朝**[5]三個國家。從亞歷山大大帝遠征東方開始，直到三個王國之中存續最久的托勒密王朝滅亡為止，這之間約三百年期間稱作希臘化時代。

[3] 西元前312～前64年。雖然統治著廣大土地，但東部地區其後紛紛獨立。

[4] 西元前304～前30年。以首都亞歷山卓為中心。在三個王國中，在文化和經濟上最繁榮。

[5] 西元前276～前168年。統治著祖國馬其頓與希臘等地，但遭羅馬進犯，在三個王國中最早滅亡。

用語解說

📖 希臘化時代

「希臘化」是從希臘人自稱的赫楞人所衍生出的詞彙，意思是「希臘的風格」。自亞歷山大大帝遠征東方起約三百年時間，伴隨著希臘文化滲透至東方，近東文化也漸漸與希臘文化融合。

② 希臘化時代的特徵

　　希臘化時代是希臘文化迅速滲透的時代，通用的希臘語廣泛被使用。托勒密王朝的首都**亞歷山卓**[6]成為文化和通商的中心地而盛極一時。

　　除了統治馬其頓地區的安提柯王朝外，各希臘化王國都由少數的馬其頓人或希臘人統治多數當地人的王國。這些王國強制國民要參拜君主，屬於近東風格的專制國家，不同於希臘城邦的自由風格。

希臘人創造出什麼樣的文化？

　　以人民自由為基本價值的希臘文化，是一個樂觀且注重合理性的文化，更是以人為中心的文化。宗教則以**奧林帕斯十二神**[7]為中心，這些眾神擁有凡人的情感，交織出多采多姿的希臘神話。

① 史詩的發達

　　從西元前8世紀開始，**史詩**[8]開始發展，例如**荷馬**[9]以特洛伊戰爭為題材，創作了**《伊利亞德》**和**《奧德賽》**。**赫西俄德**[10]則著有描述諸神系譜的**《神譜》**和**《工作與時日》**。

② 抒情詩、戲劇與歷史學

　　約西元前7世紀起，抒發內心情感的抒情詩相當流行，還出現莎芙等女性詩人。前5世紀，雅典在戲劇上表現傑出，合稱三大悲劇詩人的**埃斯庫羅斯**[11]、**索福克勒斯**[12]、**歐里庇得斯**[13]，以及擅長諷刺政治的喜劇作家**阿里斯托芬**[14]相當活躍。

[6] 西元前331年，亞歷山大大帝在尼羅河三角洲西邊所建設的都市是所有同名都市裡最繁榮的，一般說到亞歷山卓時，指的就是埃及的亞歷山卓。

▼宙斯神像

©PPS通信社

西元前5世紀中葉的青銅像

[7] 住在奧林帕斯山頂的希臘眾神。主神宙斯、其妻赫拉、太陽與藝術之神阿波羅、美之女神阿芙蘿黛蒂等十二眾神。

[8] 闡述歷史事件和英雄事跡、神話等等的故事詩。

[9] 希臘最古老的史詩作者。一般認為是西元前8世紀左右的人物。

[10] 活躍於西元前700年前後的史詩詩人。

[11] 西元前525～前456年。代表作有《阿伽門農》等。

[12] 約西元前496～前406年。代表作有《伊底帕斯王》等。

[13] 約西元前485～前406年。代表作有《美狄亞》等。

[14] 約西元前450～前385年。代表作有《利西翠妲》等。

歷史學則始於西元前5世紀的希臘。有「歷史之父」美稱的**希羅多德**[15]把波希戰爭當成故事題材寫下《歷史》一書。**修昔底德**[16]則審慎分析史料,站在學術立場記錄伯羅奔尼撒戰爭,著有《伯羅奔尼撒戰爭史》。

❸ 自然哲學與詭辯學家

西元前6世紀,以小亞細亞的米利都為主的希臘殖民都市,發展出一股嘗試以合理根據解釋世間萬物的**愛奧尼亞自然哲學**風潮。**泰勒斯**[17]認為萬物的根源是水,**畢達哥拉斯**[18]則認為是數。此外,**希波克拉底**[19]試圖為疾病找出原因。

在民主政治相當進步的雅典,民眾重視人性與社會更勝於大自然。例如有所謂的**詭辯學家**,專門教導如何在人民大會或審判上辯倒對手的說話技巧。至於內容是否符合真理,是另外一回事了。其代表人物為主張「人為萬物之尺」的**普羅泰戈拉**[20]。

[15] 約西元前484～前425年。出生於小亞細亞,也是一位大旅行家。

[16] 約西元前460～前400年。出生於雅典。在伯羅奔尼撒戰爭時成為將軍,因被追究作戰失敗的責任,長期過著逃命的生活。

[17] 約西元前624～前546年。出生於米利都,有「哲學之父」美譽。

[18] 西元前6世紀,出生於薩摩斯島。發現勾股定理等。

[19] 約西元前460～375年。有「西洋醫學之祖」美譽。

[20] 約西元前480～前410年。主張不存在絕對真理的相對主義。

❹ 三大哲學家與美術

蘇格拉底與詭辯學家不同,強調真理的絕對性。他察覺自己的無知(無知之知),並嘗試透過談話讓對手也領悟自己的無知,企圖藉此探究出真理。他的弟子**柏拉圖**[21]主要思考的是現實世界背後的「理想」(指善良、美麗之類的觀念)哲學,嚮往著由哲學家領導群眾的哲人政治。柏拉圖的弟子**亞里斯多德**[22]集各領域學問之大成,被譽為「萬學之祖」。

在建築方面,柱子的形式隨著時代而產生變化,前期為莊嚴肅穆的多利安風格,中期為優美的愛奧尼亞風格,後期又轉變為華麗的科林斯風格。雕

蘇格拉底
(約西元前 469～前 399 年)

出生於雅典。沒有留下著作,藉由與城鎮居民交談哲學話題,將其思想傳達出去。追求讓希臘城邦人民擁有更美好的生活,卻遭誤解為「否定國家的眾神、誤導年輕人」,因此遭到處刑。

學研資料課

刻方面，著名的人物為**菲迪亞斯**，據推測帕德嫩神廟的雅典娜巨像就是他的作品。

[21] 約西元前429～前347年。在雅典創立阿卡德梅雅學院（又稱柏拉圖學院）。著作以蘇格拉底為主角的對話集最為知名，代表作為《蘇格拉底的申辯》、《理想國》等。

[22] 約西元前384～前322年。曾在阿卡德梅雅學院求學。後來到馬其頓，擔任王子時代的亞歷山大大帝的老師。之後回到雅典，創立呂刻昂學院。其學說體系對之後的穆斯林世界有著極大影響。

希臘化時代發展出哪些文化？

❶ 世界公民主義

城邦內部的小眾集團意識逐漸降低，取而代之的是不受國家和民族所束縛的世界公民主義[！]。

❷ 希臘化文化

在哲學方面，出現了**伊比鳩魯**提倡的**伊比鳩魯學派**[23]，以及**芝諾**提倡的**斯多噶學派**[24]等。而以埃及亞歷山卓的王室研究機構（**繆思園**[25]）為中心，自然科學也突飛猛進，代表人物為研究幾何學的**歐幾里得**[26]、發現物理學原理的**阿基米德**[27]、計算出地球大小的**埃拉托斯特尼**[28]等。美術方面，則有「**米洛的維納斯**」雕像等。

[23] 伊比鳩魯（約西元前342～前271）開創的學派。主張心靈平靜為最完美的精神狀態。

[24] 賽普勒斯出身的芝諾（西元前335～前263）開創的學派。主張藉由禁慾來獲得不受任何拘束的心靈。

[25] 收藏許多莎草紙文獻的機構，為當時的學術中心。

[26] 活躍於約西元前300年。

[27] 約西元前287～前212年。發現浮力原理（阿基米德原理）和槓桿原理。

[28] 約西元前275～前194年。主張地球為圓形。

用語解說

世界公民主義

將全世界視為一個共同體，不拘泥於國家或民族，認為每個人都是世界一分子的觀念。斯多噶學派便是建立在此思想上。

米洛的維納斯雕像

©PPS 通信社

希臘化時代結束後的波斯有什麼變化？

　　西元前3世紀中葉，敘利亞塞琉古王朝的東北方阿姆河上游處，有一群希臘人建立了巴克特里亞王國。此外，由阿爾沙克率領的伊朗遊牧民族，也在裏海東南方建立了**安息（帕提亞）帝國**[29]。到了西元前2世紀，安息帝國在底格里斯河東岸建設新首都**泰西封**[30]，控制了連結羅馬與中國漢朝的貿易要道「絲路」，因而相當繁榮。

　　安息帝國在224年遭**薩珊波斯帝國**[31]消滅。薩珊波斯帝國第一代國王**阿達希爾一世**定**瑣羅亞斯德教**（見第1卷）為國教。第二代國王**沙普爾一世**[32]不僅曾俘虜羅馬帝國皇帝瓦勒良（埃德薩戰役→p.35），往東亦擊敗了貴霜帝國（見第3卷）。雖然進入5世紀後因騎馬遊牧民族**嚈噠人**[33]的入侵而疲於應付，但到了6世紀時，**霍斯勞一世**[34]與**突厥**[35]聯手，消滅了嚈噠人，薩珊波斯帝國的國力達到顛峰。宗教方面，西元3世紀時**摩尼教**[36]成立，滲透至羅馬帝國和中國等地。

[29] 約西元前248～後224年。安息帝國即帕提亞帝國。「安息」一詞源自從前中國對「阿爾沙克」的譯音。

[30] 米特里達梯一世（在位期間約西元前171～前138年）下令建設的都市。後來的薩珊波斯帝國也定都於此。

[31] 西元224～651年。興起於伊朗高原南部，曾有一段相當長的繁榮歲月，但在624年的奈哈萬德戰役中敗於伊斯蘭勢力，不久後便亡國。

[32] 在位期間約西元241～272年。拓展領土並鞏固中央集權制度。

[33] 活躍於5世紀中葉至6世紀的中亞一帶的騎馬遊牧民族。

[34] 在位期間西元531～579年。曾與東羅馬帝國的查士丁尼一世（→p.36）交戰。

[35] 興起於蒙古高原的土耳其裔騎馬遊牧民族，在西元6～8世紀掌控中亞地區。

[36] 宗教家摩尼於3世紀融合瑣羅亞斯德教、佛教與基督教後創造出的新宗教。逐漸傳播至南法、北非、中亞、中國等地。

▼薩珊波斯帝國的疆土

羅馬帝國

嚈噠

撒馬爾罕
布哈拉
巴爾赫

埃德薩戰役（260年）

奈哈萬德戰役（642年）

泰西封
蘇薩
波斯波利斯

薩珊波斯帝國的最大疆域

古代近東地區的硬幣

↑ 現在的臺灣硬幣

　　金錢是生活中不可或缺的便利工具。金錢大致區分成紙幣（紙鈔）和硬幣兩種。現在我們就來看看，從前的硬幣是如何製成的。

©PPS 通信社

1 在硬幣發明之前

　　四千多年前的古埃及和美索不達米亞地區，以銀塊之類具有價值的金屬依其重量來交換農作物。雖然也會使用家畜和穀物進行交易或發薪水，但是金屬具有不會腐壞、搬運方便的便利性，因此大多是將金屬製成棒狀和環狀，依據重量決定價值。隨著以貴重金屬交換商品的行為越來越普及，後來便出現了硬幣。

↑ 古埃及人使用天秤測量金屬重量的圖騰
依據金屬（貴金屬）的重量，交換毛織物和農作物。

2 最初的硬幣是土耳其製？

　　為了公平性，交易時必須確認金屬的純度和重量。久而久之，便有人以一定的標準製造出金屬片，並在上面印下保證的標誌，這就是硬幣的起源。最初的硬幣，出現於約西元前7世紀的利底亞王國（現今土耳其西部）（見第1卷）。

©PPS 通信社

↑ 利底亞王國的琥珀金金幣

琥珀金是金和銀的合金，因光澤與琥珀相似，故被稱為琥珀金。

　　世界上第一種硬幣，是金和銀的自然合金塊狀物，上面有著印記，出土於土耳其西部的阿提蜜絲神廟。其後便轉變為表面刻印著獅子圖騰（國王的象徵）的金幣和銀幣。

　　西元前5世紀的古希臘歷史家希羅多德的著作《歷史》中，記錄了「利底亞人是第一個開始製作與使用金屬貨幣的民族」。

3 硬幣的傳播

硬幣誕生沒多久就受到廣泛利用，希臘各城邦都各自發行了硬幣。

西元前4世紀，亞歷山大大帝建立起橫跨希臘至印度的巨大帝國。他收集了廣大帝國裡的金和銀，製造出硬幣。如此一來，在整片遼闊的領土上，金和銀的交換比率獲得統一，貨幣流通經濟的基礎也隨之建立。大帝死後，統治埃及、西亞和中亞的各國，也承襲了發行硬幣的做法。

亞歷山大大帝的硬幣，正面為頭戴獅皮帽的英雄神赫拉克勒斯（大帝的象徵），背面則是刻印著其父親主神宙斯，以及亞歷山大大帝的名字和發行地。

↑ 亞歷山大大帝的銀幣（上面為正面，下面為背面）
©PPS 通信社

4 硬幣的製造方式

硬幣的製造方式有兩種，分別是在模型中倒入滾燙金屬的鑄造式，以及在金屬片的外側壓出圖騰的壓印式。古代近東以壓印式為主流。先製作出一定重量的金屬片，再以正面背面兩個模型夾在一起製成。

小知識　**中國與日本的硬幣**

日本銀行貨幣博物館　　瑞穗銀行收藏

↑ 開元通寶（開通元寶）　↑ 和同開珍

中國在春秋戰國時期就已出現青銅做成的刀幣，相傳為齊桓公宰相管仲所做。漢代則開採銅礦鑄幣，錢幣上注明重量，四銖錢或五銖錢。唐高祖鑄「開元通寶」，是模仿秦國的半兩錢（前336年）（見第3卷）與漢朝的五銖錢（前118年）所製成，開創了記名錢幣的先河，且錢幣外圓內方，所以又稱為「孔方兄」。至於錢幣上四個字的閱讀順序是上→下→右→左，還是從上方開始順時針閱讀，學者看法分歧。

日本史上最早出現的富本錢（683年），以及後來的和同開珍（708年），都是模仿中國唐朝的開元通寶（621年）所製成，和同開珍上的四個字，則是以順時針的方向閱讀。

4 古羅馬的發展

羅馬原只是小小的城邦，隨著共和體制的成熟，領土也迅速連擴張。

羅馬的共和政治如何運作？

1 羅馬城邦的建立

約西元前1000年，古代義大利人[1]南下進入義大利半島。其中一部分**拉丁人**在半島西部的臺伯河畔建立了一座城邦，這就是**羅馬**。羅馬初期受原住民**伊特魯里亞人**[2]的國王所統治，但到西元前6世紀末期，羅馬人趕走國王，建立起共和政治。羅馬人有兩種不同階級，上層是富裕的**貴族**，下層則是以中小規模農民為主的**平民**。羅馬人會在貴族中挑選出兩名**執政官**[3]，掌管行政和軍事，任期一年。但政治上的實權，掌握在**元老院**[4]（由貴族組成的議會）手上。

2 階級鬥爭

平民開始以**重裝步兵**的身分參與戰爭後，重要性逐漸提升。這些平民為了爭取參政權，開始與貴族對峙（**階級鬥爭**）。其努力的結果，羅馬在西元前5世紀前期出現了守護平民權利的**護民官**[5]和唯有平民才能參加的**平民大會**。到了前5世紀中期，羅馬最古老的成文法律「**十二銅表法**」[6]成形。在西元前367年制定的**李奇尼亞・塞克斯提法**[7]中，規定兩名執政官中必須有一名從平民中選出。接著，在西元前287年的**霍爾騰西亞法**[8]中，又規定平民大會的決定可以在不經元

用語解說

共和政治

沒有國王之類的單一君主，而是由多數人一同執政的政治體制。但不見得是反映全體民意的政治（民主政治），有可能是在少數特權階級合議下運作的貴族共和政治，羅馬的狀況就是最好的例子。

[1] 屬於印歐語系的民族。

[2] 民族系統不明。藉與希臘人貿易繁榮一時，對羅馬造成相當大的影響。

[3] 當遇上特殊狀況時，還會選出任期只有六個月的獨裁官。

[4] 只要曾擔任國家政務官員，就可成為終身議員。名義上是執政官的諮詢機關，但實際上卻是對一切國家政策握有極大權限的統治機關。

[5] 代替平民發言的人。其身體有著神聖不可侵（不可因任何理由而遭處刑）的特權。有權否決執政官的命令或元老院的決議，並得召開平民大會。

[6] 原本由貴族獨占的法律知識被公開，平民的權利也開始受到保障。

[7] 由護民官李奇尼亞和塞克斯提於西元前367年制定的法律。其中包含限制貴族或富裕人士獨占土地的規定。

[8] 由獨裁官霍爾騰西亞推動的法律。此法公布後，平民與貴族在法律上並無差別。

老院的同意下付諸執行，階級鬥爭至此告一段落。然而羅馬的政權依然是由貴族和少數的富裕平民所掌控，無法達到與希臘城邦相同的民主政治。

羅馬共和國如何擴張領土？

1 羅馬統一義大利半島

貴族願意承認平民的權利，是因為在對外發生戰爭時，貴族需要平民的協助。以中小農民的重裝步兵為主力的羅馬軍相當強悍，不僅擊敗周邊的拉丁人、伊特魯里亞人和山地部族，更進一步征服南方的希臘人殖民都市，於西元前3世紀前期統一全義大利半島。

羅馬將這些征服的都市分成殖民都市、自治都市和同盟都市*9三種，各自的權利與義務不同。藉由這樣的分割統治，可避免各都市團結起來反抗羅馬。

2 布匿戰爭與稱霸地中海世界

羅馬在統一義大利半島之後，將勢力延伸至海上，因而與當時掌控西地中海海上貿易的腓尼基人殖民都市**迦太基***10發生三次**布匿戰爭***11。第一次（西元前264～前241年）羅馬獲勝，羅馬獲得西西里島，將其編制為第一個**行省***12。第二次（西元前218

▼羅馬共和政治架構

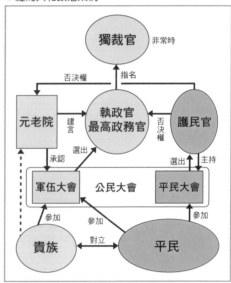

*9　殖民都市指的是土地被分配給羅馬公民，由羅馬公民移居的都市。
自治都市指的是雖然隸屬於羅馬之下，但仍保有自治權的都市，其中又分成有公民投票權的都市與沒有公民投票權的都市。
同盟都市指的是與羅馬個別簽訂同盟條約的都市，並不具有公民投票權。

👤 **漢尼拔**（前247～前183年）
迦太基的將軍。第二次布匿戰爭中，他帶著一支包含大象的軍隊越過冬天的阿爾卑斯山，自北方入侵義大利。西元前216年的坎尼會戰中，更徹底擊潰羅馬軍。但羅馬軍改採拖延戰術，造成迦太基軍補給的困難，再加上迦太基本國遭受攻擊，導致漢尼拔被召回本國，並在前202年的札馬戰役中敗給羅馬。

©PPS 通信社

28

～前201年），迦太基將軍漢尼拔▲入侵義大利，但羅馬的西庇阿*13成功反擊，為羅馬贏得最後勝利。第三次（西元前149～前146年），羅馬一舉消滅迦太基。西元前2世紀中葉，羅馬更征服馬其頓、希臘諸城邦與一部分小亞細亞，成為地中海世界的霸主。

▼打敗漢尼拔的羅馬將軍西庇阿

© 達志影像

*10 腓尼基人在西元前9世紀於現今突尼西亞建立的城市。其後勢力不斷擴張，延伸至非洲和伊比利半島的西地中海沿岸、西西里島、薩丁尼亞島等地區。

*11 布匿是拉丁語中的腓尼基人之意。

*12 指義大利半島以外的羅馬征服地。羅馬派遣總督和軍隊加以統治，並課徵各種稅賦。

*13 約西元前235～前183年。在第二次布匿戰爭中，西庇阿將迦太基勢力驅逐出西班牙，並直接進攻位於北非的迦太基，最後在札馬戰役中為羅馬贏得勝利。

領土擴張為羅馬社會帶來什麼樣的變化？

中小規模的農民由於長期出征，造成田地荒蕪而影響生計。這些失去土地的無產公民*14流入羅馬市內，成為所謂的「遊民」，向掌權者要求食物和娛樂。掌權者為了爭取公民支持，只能答應。中小農民的沒落，同時造成了羅馬軍事實力的弱化。

行省的元老院議員和負責向行省徵稅的騎士*15趁機收購沒落農民的農地或征服地的土地，藉由「奴隸大莊園式」經營謀取暴利。戰爭中俘虜來的奴隸成為重要的勞動力，奴隸制度也隨之發達。

*14 指沒有任何土地和財產的公民。就算沒有土地，還是在平民大會上擁有投票權，因此掌權者必須尋求他們的支持。

*15 騎士階級原與戰爭有關，但在羅馬崛起為地中海霸主時，成為提供政府職能、且在財產資格上符合規定的新興階級。

> 經過約1世紀的混亂期，羅馬從共和政治變成帝王政治，並邁入「羅馬治世」時代。

「內亂的 1 世紀」是什麼樣的時代？

▼羅馬共和國的領土擴大

日耳曼尼亞

大西洋

高盧

馬西利亞

西班牙

義大利

羅馬

馬其頓

黑海

拜占庭

帕加馬

雅典

新迦太基

迦太基

敘拉古

昔蘭尼

亞歷山卓

大馬士革

西元前31年
亞克興海戰

埃及

地中海

西元前133年（提比略·格拉古就任護民官時）所獲得的領土

西元前44年（凱撒身亡）前所獲得的領土

1 格拉古兄弟的改革與貴族派·平民派的對立

西元前2世紀後期，護民官的**格拉古兄弟**[16]企圖限制貴族的持有土地上限，打算將土地分給無產公民，但因元老院反對而作罷。以元老院為核心的**貴族派**和以平民大會為核心的**平民派**互相鬥爭，導致羅馬陷入內亂。在西元前1世紀前後，平民派的馬略[17]和貴族派的蘇拉[18]互相爭權奪勢。

[16] 哥哥提比略在西元前133年成為護民官，以強硬姿態推動改革遭到殺害。弟弟格拉古在前123年成為護民官，企圖獲取騎士階級的支持，卻在與反對派的鬥爭中被逼自殺。

[17] 約西元前157～前86年。推動軍制改革，促使軍隊私兵化。

[18] 約西元前138～前78年。藉由遠征東方建立功勳。回國後屠殺馬略派，就任獨裁官。

2 同盟都市戰爭和斯巴達克斯起義

這個時期，原本處於協助羅馬立場的義大利同盟都市發動叛亂[19]，以爭取完整的公民權。羅馬雖鎮壓了叛亂，但最終決定讓義大利所有奴隸以外的自由人民擁有公民權。自西元前73年至前71年，又發生了劍鬥士（劍奴）[20]

[19] 西元前91～前88年。這場戰亂讓羅馬公民權擴大至整個義大利半島。

[20] 競技場（→p.39）的表演項目。讓劍鬥士與人或野獸對打，直到有一方死亡為止。這些劍鬥士大多是戰爭俘虜或奴隸，還有專門的培訓中心。

斯巴達克斯率領九萬名奴隸起義造反的事件，讓羅馬局勢更加混亂。

③ 前三頭同盟

在混亂的時代中，貴族派的**龐培**[21]雖在軍事上建立功勳，卻和元老院不和，因而拉攏平民派的凱撒與騎士出身的**克拉蘇**[22]，建立起前三頭同盟（西元前60～前53年）以對抗元老院。其後凱撒因遠征**高盧**[23]而聲名大噪，克拉蘇死後，凱撒打倒龐培，於前46年成為獨裁官。雖然凱撒在民眾之間的聲勢如日中天，卻遭共和主義者布魯圖斯等人暗殺。

④ 後三頭同盟

西元前43年，凱撒的養子屋大維與部下**安東尼**[24]、**雷必達**[25]組成了後三頭同盟，企圖讓混亂局面恢復秩序。然而，內亂並沒有結束，安東尼暗中勾結埃及托勒密王朝女王**克麗奧佩脫拉**[26]。直到西元前31年，屋大維在**亞克興海戰**中打敗安東尼，才終結了長達一世紀的內亂，其後羅馬平定了整個地中海世界。

凱撒（西元前100～前44年）

在內戰中打敗龐培後，於西元前46年當上任期十年的獨裁官，到了前44年就任終身獨裁官。政策上寬宏大量地恩赦政敵，並且藉由救濟貧困、土地分配與殖民政策維持社會安定。在曆法上採用太陽曆（儒略曆→p.39）。

學研資料課

[21] 西元前106～前48年。藉由討伐海盜與平定東方建立功勳。前三頭同盟的成員之一，後來遭凱撒擊敗，逃亡時遭暗殺。

[22] 西元前115～前53年。家境相當富裕，以將軍身分平定斯巴達克斯的叛亂後，參與了三頭同盟，但於遠征安息帝國（→p.24）時戰死。

[23] 相當於現今法國一帶。凱撒征服此地後編為行省。

[24] 西元前83～前30年。凱撒的得力部下。在凱撒死後建立後三頭同盟。與屋大維對立，遭到消滅。

[25] ？～約前13年。後三頭同盟的成員之一。後與屋大維對立，於西元前36年失勢。

[26] 在位期間西元前51～前30年。即廣為人知的「埃及豔后」，埃及托勒密王朝最後的女王。曾與凱撒熱戀，為凱撒生了一個孩子。亞克興海戰後自殺，埃及成為羅馬的行省。

「羅馬治世」為何可以持續那麼久？

西元前27年，元老院贈予屋大維「**奧古斯都**」（至尊之意）稱號，羅馬在實質上進入了**帝政**時期（羅馬帝國：西元前27～後395年）。為了不讓獨裁作風引起人民反感，屋大維不自稱皇帝，而稱自己為「**第一公民**」，並維持元老院等共和政治的架構，建立起**元首制度**[*27]。

自奧古斯都的時代算起約兩百年間，稱為「**羅馬治世**」。其中尤其以**五賢帝**（涅爾瓦[*28]、圖拉真[*29]、哈德良[*30]、安敦寧[*31]、奧里略[*32]）時代為羅馬帝國的全盛時期。疆域則在圖拉真皇帝的時代拓展至最大。整個帝國都建設了街道和水道系統，各地出現許多羅馬風格的都市[*33]。

奧古斯都皇帝（在位期間西元前27～後14年）

出生於西元前63年，原本是凱撒外甥女的兒子，其父親死後便一直受凱撒照顧。凱撒去世後，依其遺言而成為凱撒的養子。

©PPS 通信社

商業行為也變得熱絡，貿易範圍遠及印度洋。212年，**卡拉卡拉皇帝**[*34]給予帝國內所有非奴隸的自由人民羅馬公民的權利。

[*27] 非像帝王一樣以單一身分掌控大權，而是留下共和制度的架構，但一人身兼數個公職，實質上仍是獨裁政治。

[*28] 在位期間西元96～98年。即位時年事已高，以養子圖拉真為繼承人。

[*29] 在位期間西元98～117年。將達基亞（現今羅馬尼亞）編入行省。甚至一度征服美索不達米亞地區。

[*30] 在位期間西元117～138年。放棄美索不達米亞地區，轉為追求安定。

[*31] 在位期間西元138～161年。致力於政局的安定與財政改革。

[*32] 在位期間西元161～180年。斯多噶學派有名的「哲人皇帝」。曾遣使到中國的東漢，在中國的史料中被稱為「大秦王安敦」（見第3卷）。

[*33] 現今倫敦、巴黎、維也納等都市都是由羅馬興建的都市發展而成。

[*34] 在位期間西元198～217年。著名政績之一是在羅馬市內建設大澡堂（卡拉卡拉澡堂）。

古羅馬的澡堂

↑ 古羅馬澡堂的遺跡

學研資料課

雖然日本人是世界上數一數二愛泡澡的民族，但以歷史觀點來看，羅馬在很久以前就已經出現公共澡堂，而且還是民眾的娛樂場所。

1 古羅馬的澡堂

約西元前100年的羅馬共和國時代，羅馬在各個殖民都市都建造了公共澡堂，不僅有蒸氣浴，還有寬敞的浴缸。217年時，卡拉卡拉皇帝（在位期間198～217年）在羅馬所建造的卡拉卡拉澡堂，據說可以容納二千人以上同時入浴。古羅馬沒有公營醫院，因此入浴的另一個目的是為了預防疾病。

↑ 卡拉卡拉澡堂的浴缸遺跡

有泡澡和蒸氣浴等設備，許多羅馬人都以入浴為樂。 ©PPS 通信社

4世紀時戴克里先皇帝（→p.35）所建造的戴克里先澡堂更巨大，不僅可以泡澡，還能運動，甚至有戲院和圖書館，周圍也出現許多飲食店。澡堂從單純洗澡的地方升級成複合式文化中心。

小知識 **古希臘的澡堂**

古希臘人認為「健全的心靈寓於健全的身體」，這個觀念延續到今日，正是奧林匹克運動會的主要精神。基於這樣的觀念，約西元前 4 世紀的希臘人會在運動設施附近建造可泡澡的大規模公共澡堂。

小知識 **古印度的澡堂**

約 4600 年前的印度河流域文明遺跡「摩亨卓達羅」（死亡之丘）中，便有大澡堂的遺跡。剛開始居民會跑到河邊或湖邊清洗身體，後來有澡堂設施，居民就不用長途跋涉了。

↑ 摩亨卓達羅的大澡堂遺跡

©PPS 通信社

2 古羅馬澡堂的變化與衰退

基督教興起後，由於基督教信徒不喜歡像傳統羅馬人一樣赤身裸體聚集在一起洗澡，因此澡堂文化也逐漸沒落。

之後約到13世紀，縱然是歐洲邊境之地的居民，也逐漸養成入浴的習慣。但對當時人而言，是前往教會前的一種淨身儀式，做法是在大木桶中放入溫水，簡單沖一下身體。

雖然都市裡有公共澡堂，且居民每星期會前往泡澡並享受蒸氣浴數次，但因為男女混浴，逐漸被認為違反公序良俗。

14世紀時，因為鼠疫等傳染病盛行，別說公共澡堂，就連泡澡都給人一種「疾病溫床」的聯想，所以澡堂文化逐漸衰退。

泡澡的習慣慢慢消失，地中海和歐洲各地的公共澡堂紛紛遭到封鎖，到中世紀末期，泡澡文化已從歐洲消失，淋浴變成了主流。

⬇ 澡堂的歷史年表

約4600年前	印度	印度河流域的文明摩亨卓達羅（死亡之丘）便有大規模的公共澡堂。除了當作沐浴場所之外，也是祈禱的場所。
約3600年前	希臘	希臘的克里特島上，運動設施附設有公共澡堂。
數千年前	中國	早在商朝，進行敬神祭祀活動時，要沐浴更衣，清潔身體。
	美洲等地	利用熱氣的澡堂、蒸氣浴。
6世紀左右	中國	隋唐盛行溫泉浴，唐玄宗每年十月帶楊貴妃至華清池洗溫泉。
	日本	佛教的沐浴文化傳進日本。日本的寺廟開始有著讓僧侶淨身的設備。
10世紀左右	中國	宋朝開始有大眾澡堂，大詩人蘇東坡也曾至澡堂沐浴。
	日本	僧侶以外的民眾也開始入浴。
18世紀左右	中國	清朝時將溫泉稱為湯泉，洗溫泉稱為坐湯，康熙皇帝大力推廣坐湯溫泉浴。
	日本	江戶等地開始出現大量收費澡堂。

小知識 ▶ **克里特島的古代浴缸**

考古學家在希臘的克里特島宮殿遺跡裡，發現了以陶器製成的浴缸，年代應該是在距今約3600年前。這可以說是最古老的浴缸，更是現代西式浴缸的原始型態。

5 羅馬帝國的式微與基督教

> 繁榮一時的羅馬帝國在西元3世紀時陷入內憂外患的危機，整個帝國也隨之發生巨大轉變。

羅馬帝國為何陷入危機？發生什麼樣的變化？

① 3世紀的危機

從五賢帝時代末期開始，羅馬人面臨**日耳曼人**[*1]自北方入侵、**安息帝國**（→p.24）自東方進犯、傳染病的流行、財政窘迫等內憂外患。且自2世紀末期開始，爭奪皇位的情況越來越嚴重，到了3世紀中葉，更進入各地軍團分別擁立不同皇帝的「**軍營皇帝**」時代（西元235～284年）。短短五十年之中，共出現多達二十六位皇帝。外患方面除了日耳曼人不斷滋擾外，強大的**薩珊波斯帝國**（→p.24）誕生後，更成為國境上的重大威脅[*2]。

[*1] 印歐語系的民族。如今的盎格魯‧撒克遜人、德國人和瑞典人的祖先。

[*2] 羅馬帝國的軍營皇帝瓦勒良（在位期間西元253～260年）在埃德薩戰役（→p.24）中戰敗而遭薩珊波斯帝國俘虜。

② 從奴隸大莊園到佃農大莊園

羅馬的社會也逐漸產生變化。隨著領土擴大的速度趨緩，來自戰爭俘虜的奴隸數量也大幅減少，奴隸大莊園式的經營模式因而難以維持。為了維持軍隊開銷，羅馬對都市居民課以重稅，導致西方的都市逐漸變得蕭條。富裕的都市居民為了逃避重稅，紛紛遷居鄉下，坐擁廣大農田，雇用貧窮的都市居民或沒落農民為**佃農**[*3]替自己耕種，於是稱為**佃農大莊園**式經營模式。

③ 專制君主制

3世紀末期即位的**戴克里先皇帝**[*4]為了讓混亂的政治與社會恢復安定，推動了一連串改革。他將帝國疆土分成四塊，由兩名正帝及兩名副帝各自統治，稱為**四帝共治制度**[*5]。此外，他強化軍隊實力與徵稅的機制，並採行將皇帝當成神一樣膜拜的波斯式禮儀，讓政治型態轉變為專制君主制[1]。後來的**君士坦丁皇帝**[*6]為了促進國家統一，

[*3] 許多佃農原本都是獲得解放的奴隸。剛開始，他們在法律上擁有與地主相同的地位，而且有往來各地的自由，但後來逐漸轉變為隸屬於地主之下，在4世紀時更失去遷居的自由。

[*4] 在位期間西元284～305年。最後的軍營皇帝。

[*5] 並非分成四個國家，而是由四個人瓜分國家的統治權。

[*6] 在位期間西元306～337年。於324年成為唯一的皇帝。

讓基督教合法化（→p.37），並改善官吏制度，讓專制君主政治更趨完美。西元330年，君士坦丁皇帝在東方建設新的首都，命名為**君士坦丁堡**[7]。為了維持稅收穩定，他禁止佃農擅自離開自己耕種的土地，並推動身分與職業的固定化。

用語解說

專制君主制

與元首制最大的不同點，在於皇帝對待人民宛如主人對待奴隸一般，共和政治的形式與人民自由蕩然無存。

[7] 舊名拜占庭，現名為伊斯坦堡。

④ 羅馬帝國的東西分裂與西羅馬帝國的滅亡

自從遷都至**君士坦丁堡**後，帝國重心便轉移至東方，造成帝國東西分裂。**狄奧多西皇帝**[8]在西元395年去世時，將帝國切成東西兩邊分給兩個兒子，從此帝國便不曾再統一。4世紀後期，**西羅馬帝國**因日耳曼民族大遷徙（見第4卷）而陷入混亂。西元476年，皇帝遭日耳曼傭兵隊長奧多亞塞逼迫而退位，西羅馬帝國滅亡。另一方面，**東羅馬帝國（拜占庭帝國）**[9]成功阻止日耳曼人入侵，一直延續到15世紀。

▼紀念四帝共治制度之像

©PPS 通信社

基督教如何創立？如何興盛？

① 基督教的創立

西元前1世紀，**巴勒斯坦**成為羅馬的行省，猶太人（見第1卷）堅守著一神教（**猶太教**）信仰，期盼著**彌賽亞**（**救世主**）的出現。然而猶太人也分成數派，例如受貴族支持的保守派祭司，與重視律法[10]研究且受民眾支持的法利賽人等等。出生於西元初年前後的耶穌主張神愛世人的絕對性，並且抨擊祭司的墮落與法利賽人的墨守律法。他認為在神的面前人人平等，而且每個人都應該以關愛自己的心情關愛他人（鄰人之愛）。但是法利賽人卻與原本敵對的祭司聯手，向羅馬帝國的行省總督

[8] 在位期間西元379～395年。將基督教定為國教（→p.38）。

[9] 西元395～1453年。拜占庭帝國這個名稱來自於其首都的舊稱拜占庭。6世紀的查士丁尼皇帝曾一度奪回地中海世界的霸權（見第4卷）。拜占庭帝國一直延續到1453年才遭鄂圖曼帝國消滅。

耶穌（約西元前7．前4～後30年）
西元年雖是以耶穌出生之年為基準所制定，但目前學者多認為耶穌的出生年比原本的認知要早數年。耶穌一直在巴勒斯坦北方的加利利地區傳教，直到大約三十歲。

彼拉多誣告耶穌是叛亂分子，使耶穌被釘在十字架上。之後耶穌的弟子們相信耶穌死而復活，**彼得、保羅**等**使徒**[11]開始四處傳教，宣揚耶穌是救世主、是神的兒子，為了替全人類贖罪而被釘死在十字架上。這就是**基督教**[12]的起源。

② 基督教的興盛

保羅等人在羅馬帝國各地傳教，主張神愛世人，並非獨愛猶太人。許多人改信基督教，以下層階級的民眾、奴隸和女性居多。連希臘和首都羅馬也出現信徒們建立的教會。信徒們以希臘文編寫出《新約聖經》[13]，與《舊約聖經》（見第1卷）同視為基督教聖典。

③ 基督教徒遭迫害

初期基督教徒受到猶太教徒和多神教信奉者的迫害，但羅馬皇帝並不關心基督教，雖有像西元64年尼祿皇帝[14]迫害基督教的例子，但時間不長。然而，進入3世紀後，基督教徒的數量已增加到皇帝無法忽視的程度。羅馬為了度過「3世紀的危機」（→p.35），想要強化民眾**崇拜皇帝**的風氣[15]，但基督教徒拒絕崇拜皇帝，因而遭到嚴重迫害，尤其是西元303年戴克里先皇帝對基督教的迫害[16]最為激烈。

④ 基督教的合法化

基督教徒長期利用地下墓窖為禮拜場所，經營並推廣其信仰。君士坦丁皇帝認為承認基督教的合法性有助於提升社會

[10] 指猶太教的教義中，由神賜下的（宗教或社會生活面）命令或規矩。最具代表性的律法為摩西的《十誡》（見第1卷）。

[11] 最初為了傳播耶穌教誨（福音）而被選出的十二名弟子，以彼得為首。保羅原本是法利賽人，在耶穌死後改變信仰，後被列入使徒中。

[12] 基督一詞是將希伯來語中的彌賽亞（救世主）概念翻譯成希臘語。原意為「受膏者」，指獲得油膏塗抹身體的人，為尊貴、潔淨之意。

血 位於耶路撒冷的聖墓教堂

©PPS 通信社

教堂所在位置據說是耶穌被釘在十字架上的地方。教堂建築本身是由君士坦丁皇帝所建。

[13] 內容包含記錄耶穌言行的四篇「福音」、記錄使徒們傳教經過的「使徒行傳」、使徒們的書信、「啟示錄」等。撰寫於西元1世紀中葉，直到4世紀才修正為目前的內容。

[14] 在位期間西元54～68年。古羅馬著名的暴君，甚至殺害母親和妻子。在羅馬市發生大火時，認定是基督教徒縱火，令許多基督教徒遭處刑。

[15] 指將皇帝當成神一樣崇拜。這樣的風氣早在奧古斯都皇帝時代便已出現，但到了3世紀中期有些皇帝開始將此當成君民之禮，強迫人民接受。

[16] 包括強制變更信仰、逮捕神職人員、破壞教堂與沒收聖經等，據說有數千名基督教徒因反抗而遭處刑。

安定，因此在313年發布《米蘭敕令》，開放宗教自由並讓基督教合法化。在皇帝的保護之下，基督教建立起教會組織，並出現各種神職人員。

⑤ 教義的統一與國教化

隨著教會組織的擴大，對教義的不同看法也帶來激烈的對立。西元325年，君士坦丁皇帝舉辦**尼西亞公會議**，認定**亞他那修派**主張的「耶穌與神同質」為正統教義，並將主張「耶穌也是人」的**阿里烏派**視為異端。其後亞他那修派的正統教義更發展出「**三位一體**」[*17]理論。遭批判為異端的阿里烏派則在北方日耳曼人之間廣泛流傳。

4世紀後期，尤利安皇帝[*18]企圖恢復希臘、羅馬的多神教信仰，卻沒有成功。西元392年，**狄奧多西皇帝**（→p.36）禁止所有異教，並將基督教定為國教。西元431年的**以弗所公會議**中，**聶斯脫里派**[*19]被視為異端，但這個教派經由薩珊波斯帝國傳至中國唐朝，在中國被稱為景教（見第3卷）。

▼地下墓窖

©PPS通信社

位於羅馬的普黎史拉墓窖。地下通道的各處皆設有禮拜室，天花板和牆上畫著壁畫。

[*17] 指聖父、聖子（耶穌）、聖靈各有不同形體，卻是相同的神。

[*18] 在位期間西元361～363年。雖沒有迫害基督教的事實，但因取消基督教的特別待遇，遭基督教會斥責為「背教者」。在遠征波斯途中戰死。

[*19] 聶斯脫里派認為耶穌兼具人的特質與神的特質，兩者不可混淆。

羅馬文化有什麼特徵？

① 羅馬文化的特色

羅馬文化在土木、建築和法律等實用領域有著傑出的表現。由於帝國相當廣大，因此對文化的傳播也有極大貢獻。羅馬字母及拉丁語[U]也是在這個時代普及至整個歐洲。

② 土木、建築

羅馬人藉由優秀的建築技術，建設了各種公共設施和橋梁等。其中許多著名建築遺留到今天，如萬神殿、圓形競技

羅馬文化與希臘文化、基督教文化一樣，是歐洲文明的重要源流之一。

用語解說

[!] 拉丁語

羅馬帝國的公用語。後來成為天主教會的公用語，同時亦是歐洲共通的學術用語與文學用語。義大利語、法語和西班牙語皆由拉丁語演變而來。

場、君士坦丁大帝的凱旋門、卡拉卡拉大澡堂、**加爾橋**[20]、**亞壁古道**[21]等等。

③ 法律、文學、歷史、地理、自然科學、哲學等

羅馬法律原本只適用於羅馬市民的「市民法」，但隨著羅馬帝國的擴大與希臘化思想的影響，逐漸轉變為適用於所有人民的「**萬民法**」。6世紀的查士丁尼皇帝（見第4卷）將所有法條彙整成冊，命名為《羅馬法大全》，後世亦稱之為《**查士丁尼法典**》[22]。

散文方面，**西塞羅**[23]的《國家論》以及凱撒的《**高盧戰記**》[24]相當有名。奧古斯都皇帝時代則是拉丁文學的黃金時代，著名詩人有**維吉爾**[25]等。

⛨ 圓形競技場

學研資料課

舉行劍鬥士（→p.30）競技的場所。

歷史、地理方面，知名著作有李維的《羅馬史》、**塔西陀**[26]的《編年史》、《日耳曼尼亞志》、波利比烏斯的《歷史》，以及**普魯塔克**[27]的《**比較列傳**》（有時亦被稱為《英豪列傳》或《名人傳》），斯特拉波的《地理學》等。

自然科學方面，著名的有**普林尼**[28]執筆的《博物志》、提倡**天動說**[29]的**托勒密**[30]等。此時代曆法開始採用**太陽曆**（**儒略曆**[31]）。

有名的哲學家是**塞內卡**[32]、**愛比克泰德**[33]、寫下《沉思錄》的馬可·奧里略·安東尼（→p.32）等。羅馬宗教為多神教，但帝政時期亦流行來自東方的摩尼教、**密特拉教**[34]等。基督教內部亦有不少著名的神學家，如寫出《懺悔錄》、《上帝之城》的**奧斯定**[35]。

[20] 位於南法加爾省的石橋，為三層的拱形造型。

[21] 羅馬最古老的軍用石板道路，連接羅馬市與南方的都市。

[22] 由法學家特里波尼等人編纂。後來歐洲中世紀法律皆受到此法典相當深遠的影響。

[23] 西元前106～前43年。亦是有名的辯論家。

[24] 由凱撒親自撰寫的遠征戰記。被視為拉丁文的模範文章。

[25] 西元前70～前19年。著有羅馬建國史詩《埃涅阿斯紀》等。

[26] 約西元55～120年。《日耳曼尼亞志》中記錄了日耳曼人的社會結構。

[27] 約西元46～120年。《比較列傳》描寫的是希臘、羅馬時代的政治家和軍人。

[28] 約西元23～79年。《博物志》是一本記錄地理、動植物、礦物知識的百科全書。

[29] 認為宇宙繞著地球旋轉的學說。後來成為天主教會公認的宇宙觀。

[30] 活躍於2世紀。著有《天文學大全》，為天動說建立了理論架構。

[31] 西元前46年，凱撒為了修正季節誤差，根據埃及曆法制定的太陽曆。「儒略」是「尤利烏斯」的舊譯名。

[32] 約西元前4～後65年。在《幸福論》中闡述了理想。

[33] 約西元55～135年。認為世人可藉由自然法則獲得心靈平靜。

[34] 崇拜源自於古印度、伊朗神話的光明神密特拉，信徒多為軍人，在5世紀時相當興盛。

[35] 西元354～430年。年輕時曾信奉摩尼教，後來改變信仰，成為基督教徒，在建立天主教教義上有卓越貢獻。

上班族和羅馬帝國

上班族（Salaryman）這個詞彙指的是拿Salary（薪水）過生活的員工。Salary一詞雖是英文，其實和羅馬帝國有深切的關係。

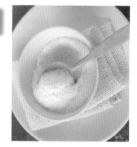

↑ 通勤中的上班族
©PPS 通信社

1 羅馬帝國和鹽巴

人類身體大部分都是水分，但約有0.7％的鹽分，若沒有攝取鹽分就無法活下去。現代人可以輕而易舉得到鹽，但在古代，鹽是昂貴的生活必需品。羅馬帝國會給予公務人員和軍人一筆買鹽用的金錢，拉丁語中稱作Salarium。這個單字到了英語裡，就變成Salary。

↑ 現代的鹽　©PPS 通信社

2 法國的重稅——鹽稅

鹽巴是保存食品的重要工具。要鹽漬一條魚，得使用相當於魚身重量三分之一的鹽。由於鹽的交易量極大，因此被法國皇室當成課稅的對象，而且是重要稅收來源。西元13世紀的法國，政府會向人民徵收名為「加貝拉（Gabelle）」的商品稅，之後這個詞變成單指鹽稅。因為鹽稅課得相當重，招來人民反感，據說也成為法國大革命的肇因之一。

↑ 鹽漬沙丁魚
（現代瑞典的罐頭）
©PPS 通信社

小知識 ▶ **從鹽巴衍生的詞彙**

「salad」（沙拉）、「sauce」（醬料）、「salami」（義大利香腸）等食品用語，都是從拉丁語的「sal」（鹽）衍生而來的單字。古代獻給神明的牲肉都醃得很鹹，因為鹽被視為神聖之物。

國家圖書館出版品預行編目（CIP）資料

NEW全彩漫畫世界歷史・第2卷：希臘、
羅馬與地中海世界／南房秀久原作；近藤
二郎監修；柑田風太漫畫；李彥樺，卓文
怡翻譯.-- 初版.-- 新北市：小熊，2017.03
192面；15.5×22.8公分.
ISBN 978-986-93834-7-9 (精裝)
1.世界史　2.文明史　3.漫畫
711　　　　　　　　　　　　　105024990

希臘、羅馬與地中海世界

監修／近藤二郎　漫畫／柑田風太　原作／南房秀久　翻譯／李彥樺、卓文怡　審訂／翁嘉聲

總編輯：鄭如瑤｜文字編輯：蔡凌雯｜顧問：余遠炫（歷史專欄作家）
美術編輯：莊芯媚｜印務經理：黃禮賢

社長：郭重興｜發行人兼出版總監：曾大福
業務平臺總經理：李雪麗｜業務平臺副總經理：李復民｜實體通路協理：林詩富
網路暨海外通路協理：張鑫峰｜特販通路協理：陳綺瑩
出版與發行：小熊出版・遠足文化事業股份有限公司
地址：231 新北市新店區民權路 108-2 號 9 樓
電話：02-22181417｜傳真：02-86671851｜客服專線：0800-221029
劃撥帳號：19504465｜戶名：遠足文化事業股份有限公司
E-mail：littlebear@bookrep.com.tw｜Facebook：小熊出版
讀書共和國出版集團客服信箱：service@bookrep.com.tw
讀書共和國出版集團網路書店：http://www.bookrep.com.tw
團體訂購請洽業務部：02-22181417 分機 1132、1520

法律顧問：華洋法律事務所／蘇文生律師
印製：凱林彩印股份有限公司
初版一刷：2017 年 3 月｜初版十八刷：2021 年 1 月
定價：450 元｜ISBN：978-986-93834-7-9

Gakken Manga NEW Sekai no Rekishi 2Kan
Girishia・Roma to Chicyukaisekai
© Gakken Plus 2016
First published in Japan 2016 by Gakken Plus Co., Ltd., Tokyo
Traditional Chinese translation rights arranged with Gakken Plus Co., Ltd.
through Future View Technology Ltd.

小熊出版官方網頁　　小熊出版讀者回函

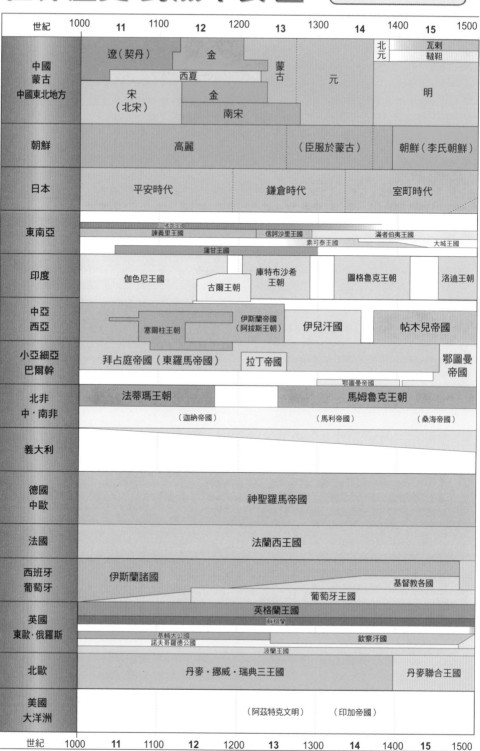

世紀	1000　11　1100　12　1200　13　1300　14　1400　15　1500
中國 蒙古 中國東北地方	遼（契丹）　　金　　蒙古　　元　　北元／瓦剌／韃靼 西夏 宋（北宋）　金／南宋　　明
朝鮮	高麗　　（臣服於蒙古）　　朝鮮（李氏朝鮮）
日本	平安時代　　鎌倉時代　　室町時代
東南亞	三佛齊王國 諫義里王國　信訶沙里王國　滿者伯夷王國 素可泰王國　　大城王國 蒲甘王國
印度	伽色尼王國　　庫特布沙希王朝　圖格魯克王朝　洛迪王朝 古爾王朝
中亞 西亞	塞爾柱王朝　伊斯蘭帝國（阿拔斯王朝）　伊兒汗國　帖木兒帝國
小亞細亞 巴爾幹	拜占庭帝國（東羅馬帝國）　拉丁帝國　鄂圖曼帝國 鄂圖曼帝國
北非 中・南非	法蒂瑪王朝　　馬姆魯克王朝 （迦納帝國）　（馬利帝國）　（桑海帝國）
義大利	
德國 中歐	神聖羅馬帝國
法國	法蘭西王國
西班牙 葡萄牙	伊斯蘭諸國　　基督教各國 葡萄牙王國
英國 東歐・俄羅斯	英格蘭王國 蘇格蘭 基輔大公國　諾夫哥羅德公國　欽察汗國 波蘭王國
北歐	丹麥・挪威・瑞典三王國　丹麥聯合王國
美國 大洋洲	（阿茲特克文明）　（印加帝國）
世紀	1000　11　1100　12　1200　13　1300　14　1400　15　1500